KB066776

의료보험 **절대로** 들지마라

# 의료보험 절대로 들지마라

김종명 지음

이야소

의료보험 절대로 들지 마라

초판 1쇄 발행_ 2012년 4월 10일
3쇄 발행_ 2015년 9월 30일

지은이_ 김종명
펴낸이_ 명혜정
펴낸곳_ 도서출판 이아소

등록번호_ 제311-2004-00014호
등록일자_ 2004년 4월 22일
주소_ 121-841 서울시 마포구 서교동 487 대우미래사랑 1012호
전화_ (02)337-0446 팩스_ (02)337-0402


ISBN 978-89-92131-57-5 03330

도서출판 이아소는 독자 여러분의 의견을 소중하게 생각합니다.
E-mail: iasobook@gmail.com

책값은 뒤표지에 있습니다.

| 추천의 글 |

# 누구나 의료비 걱정 없이 사는 방법

얼마 전 아버님이 간경화로 집 근처 대학병원에서 입원 치료를 받으신 적이 있다. 당장 입원비부터 걱정하시는 어머님께 자식이 돈 잘 버는(?) 대학교수인데 무슨 걱정을 하시냐고 큰소리를 쳤지만, 내심 부담해야 할 치료비가 얼마나 될까 하는 생각에 머릿속이 복잡했다. 명색이 공공의료 정책을 연구한다는 교수가 민간 의료보험에 가입하는 것이 떳떳치 않아 들어둔 보험도 하나 없어, 그때는 살짝 후회가 되기도 했다.

그동안 나는 건강보험의 보장성이 낮아 시민의 삶이 위협받고 있다고 정부를 비판하는 데 앞장서 왔다. 그런데 정작 내 문제가 되니 의료 불안의 심각성을 절감할 수밖에 없었다. 그래도 먹고살 만하다는 내가 이 정도니 대다수 시민들은 어떨까?

그러던 중 김종명 선생님으로부터 추천사를 써달라는 이야기를 들었다. 민간 의료보험에 관한 책이라고 하였다. 민간 의료보험의 문제점을 인식

하고 오랜 시간 동안 고민을 해왔다는 사실을 알고 있던 터라 기대가 컸다. 그러나 '전공자도 아닌데 제대로 할 수 있을까?' 하는 의구심도 들었다. 전공자인 나도 자료 접근이 어렵고 분석이 쉽지 않았기 때문이다. 어렵고 복잡한 이야기를 일반인들에게 제대로 전달하는 것도 쉽지 않은 일이다.

저자가 보내온 원고를 본 순간 내 걱정과 의구심은 멀리 달아났다. 그리고 몹시 부끄러웠다. 수많은 시민들이 의료비 부담에 고통스러워하고 민간 의료보험이 시민의 삶을 짓누르고 있는데도 전문가라는 사람들은 건강보험 보장성 강화, 무상의료라는 당위적 주장에 머물러 있는 것이 현실이다. 그런데 저자는 민간 의료보험의 구조적 문제를 밝혀내고 그것이 어떻게 시민의 삶을 왜곡시키고 있는지를 낱낱이 밝혀내고 있다. 어쩌면 전문가들이 자신의 역할을 제대로 해내지 못하기 때문에 어느 누구보다 시민의 건강에 강한 애착과 책임감을 갖고 있는 저자가 직접 십자가를 졌는지도 모르겠다.

사람은 누구나 건강할 권리가 있다. 건강을 지키기 위해 누구나 좋은 의료서비스를 평등하게 이용할 권리가 있다. 그것이 우리가 지켜야 할 가치이자 정의다. 그렇지만 애석하게도 현실은 이와 정반대다.

이 책은 이러한 현실을 극복하기 위한 저자의 치열한 노력의 산물이다. 이 책을 읽으면서 독자들은 다시 한 번 건강과 의료에 대한 시민의 당연한 권리를 생각해보는 좋은 기회를 갖게 될 것이다. 그리고 우리가 지금 무엇을 해야 하는지에 대한 해답을 찾을 수 있을 것이다. 또 한 번 저자에게 큰 빚을 졌다.

임준(가천의대 의학전문대학원 예방의학과 교수)

| 여는 글 |

# 보험회사의 속내,
# 그리고 새로운 선택

지금 대한민국에 살고 있는 99%는 불안하다. 5대 민생고라 불리는 교육, 육아, 주택, 의료, 노후 문제로 다들 만성적인 불안과 우울감에 시달리고 있다.

이 책은 5대 불안 요인 중에서 의료비를 어떻게 해결할 것인가 하는 문제를 다루고 있다. 우리나라에는 국민건강보험이라는 훌륭한 제도가 있다. 하지만 건강보험이 의료비를 전부 해결해주지 못하다 보니 가족이 큰 병에 걸리면 가정 경제가 휘청거리기 십상이다. 이런 상황에서 각자가 알아서 대책을 마련할 수밖에 없다.

혹시나 하는 마음에 다들 암보험, 각종 질병보험, 실손 보험을 하나씩 들어놓는다. 보험에 가입해 놓으면 마음이 든든하다. 보험회사는 국민들의 불안감을 이용해 막대한 돈을 벌어들이고 있다. 현재 가구당 1년에 민간 의료보험비로 지출하는 돈이 무려 240만 원이다.

하지만 민간 의료보험은 절대 당신의 미래를 보장해주지 않는다. 보험에 들어 두면 심리적으로 위안이 될지는 모르지만 현실에서 부닥치는 문제를 해결해주지는 못한다. 보험 상품의 구성과 보험회사의 속내를 알고 나면 민간 보험에 자신의 미래를 맡기는 일이 얼마나 잘못된 판단인지를 알 수 있을 것이다.

암보험은 민간 의료보험을 대표하는 상품이다. 평생에 걸쳐 셋 중 한 명은 암에 걸린다고 하니 누구나 암보험 하나쯤은 가지고 있을 것이다. 암에 걸리면 수천만 원을 보장해준다고 하고, 보험료도 저렴한 편이다. 젊은 사람의 경우 보험료가 2~4만 원 정도다. 경제활동을 하는 사람이라면 부담되지 않는 돈이다.

그런데 저렴하게 '보이는' 보험료의 이면에는 엄청난 비밀이 숨어 있다. 암보험으로 보험회사는 상상을 초월하는 이익을 보고 있다. '저렴한' 보험료 중 보험회사의 몫은 절반 이상이다. 가입자에게 돌아가는 혜택은 40% 내외밖에 되지 않는다. 나는 암보험 상품의 지급률을 계산해보고 깜짝 놀랐다. 보험회사가 너무 많이 챙겨먹는다는 것을 알았기 때문이다.

보험 가입자 중에 매달 꼬박꼬박 내는 보험료가 아깝다는 생각을 하는 사람도 많다. 암에 걸리면 보장을 받겠지만, 그렇지 않으면 돌아오는 혜택이 하나도 없으니 말이다. 이런 사람들을 위해 보험회사는 또 다른 상품을 만들어낸다. 병에 걸리면 보장을 받고, 보장받지 못할 때는 낸 보험료를 고스란히 되돌려준다는 '만기환급형' 상품이다. 그런데 만기환급형은 순수보장형보다 훨씬 나쁜 보험이다. 나중에 돌려준다는 명목으로 가입자를 두 번 등쳐먹는다. 이에 대해 본문에서 자세하게 분석을 해놓았다.

의료비로 쓴 돈을 모두 보상해주는 실손형 의료보험(흔히 실비 보험이라 한다)을 보자. 지난해 언론 보도에 따르면 실비보험료가 세 번 갱신 만에 3배로 껑충 뛰었다. 실비보험은 3년마다 매번 갱신해야 하고 갱신 시마다 매번 보험료가 인상된다. 그런데 그 인상폭이 매우 가파르다. 40세 남성이 평균 수명인 78세까지 보장받으려면 12번을 갱신해야 한다. 세 번 갱신 만에 3배가 올랐다면, 12번 갱신하면 이론적으로 81배가 된다. 연령이 증가할수록 보험료는 급격히 증가하는데, 노후가 되면 은퇴 시점이라 소득이 없다. 소득이 없으니 비싼 보험료를 납부할 수 없어 해약하는 경우가 부지기수다. 이처럼 보험은 가입자가 정작 필요로 할 때 외면한다.

그럼에도 불구하고 민간 의료보험은 나날이 팽창하고 있다. 이제 건강보험마저 집어 삼키려 하고 있다. 그간 정부는 국민건강보험보다는 민간 의료보험에 집중하는 정책을 구사해왔다. 민간 의료보험 중에서도 실손형 의료보험은 국민건강보험과는 적대적 관계에 놓여 있다. 국민건강보험의 보장이 높아지면, 실손형 의료보험은 위축된다. 그 반대도 성립한다. 국민건강보험이 위축될수록 민간 의료보험은 더욱 활성화될 것이다. 한미 FTA는 민간 의료보험을 한층 도약시켜줄 것으로 보험회사는 기대한다.

민간 의료보험이 활개를 치고, 국민건강보험이 제 역할을 못하게 될 경우, 우리의 미래는 너무도 끔찍하다. 이렇게 되면 우리의 의료시스템은 미국을 닮아 갈 것이다.

이미 우리 국민들은 미국식 의료시스템이 얼마나 끔찍한지를 잘 알고 있다. 미국은 선진국 중 전 국민 의료보험이 없는 유일한 국가다. 실제로 미국에서 맹장 수술을 받으려면 수술비가 1~2천만 원에 달한다. 이것은 결코 괴담이 아니다. 가구당 민간 의료보험료는 1만 3,375달러다. 전 국민의 15%가 보험이 없다. 파산자 중 62%가 비싼 의료비 때문에 파산한다고 한다. 의료비는 가장 많이 쓰고 있는데도 미국인의 건강수준은 OECD 국가 중 최하위권에 머문다. 미국이 천문학적 의료비를 쓸 수밖에 없는 근본적인 이유는 병원과 보험이 환자의 생명보다는 영리를 추구하도록 제도화되어 있기 때문이다.

미국식 의료제도는 우리가 절대로 가서는 안 될 모델인데도, 어찌된 일인지 권력자들은 미국식 의료제도를 도입하고 싶어 안달이 난 듯하다.

민간 의료보험은 절대로 우리의 의료 불안을 해결해 줄 수 없다. 오히려 이중의 부담만 안겨준다. 건강보험이 보장해주지 못하는 의료비를 떠안으면서 동시에 민간 의료보험까지 부담해야 하니 말이다. 입원한 노인 환자의 진료비 중 78%를 자식이 부담한다고 한다. 의료비는 대부분 65세 이상에서 발생하는데, 그 나이가 되면 실비보험에 가입할 수도 없고 소득도 없다. 젊은 세대는 자녀와 자신의 민간 의료보험료를 부담해야 할 뿐만 아니라 부모의 의료비까지 부담해야 한다.

우리 국민의 의료 불안을 해결하는 길은 국민건강보험 하나로 모든 의료비를 해결하는 것이다. 모든 병원비를 국민건강보험이 해결해준다면 젊은 세대는 부모의 의료비를 부담할 필요가 없으며, 실비보험과 같은 민간 의료보험에 가입할 필요도 없다. 그만큼 지출이 줄게 되므로 가계의 실질

소득은 증가한다.

국민건강보험 하나로 모든 병원비를 해결하기 위해서는 재원을 확충해야 한다. 재원을 확충하려면 국민과 사업주, 국가가 보험료를 더 내야 한다. 보험료를 올리자는 데 선뜻 동의하기 힘들 수 있다. 하지만 건강보험의 구조를 조금만 들여다보면 건강보험료를 올려 건강보험 재정을 확충하는 것이 훨씬 유리하다는 것을 알 수 있다.

건강보험의 재원은 국민과 사업주, 그리고 국가가 대략 55:30:15 정도로 부담한다. 직장가입자의 경우, 보험료의 절반을 사업주가 부담해준다. 국민건강보험의 재정을 1만 원 늘리면, 1만 원만큼 본인부담이 줄어든다. 대신에 건강보험료로 1만 원을 부담해야 한다. 이때 1만 원을 다 낼 필요가 없다. 국민은 건강보험료로 5,500원만 내면 된다. 나머지는 사업주와 국가가 부담한다. 그러니 건강보험의 재정을 늘리는 것이 국민에게 유리하다.

반면 민간 의료보험은 전적으로 본인이 부담해야 한다. 더욱이 민간 의료보험료로 낸 1만 원 중에 가입자에게 돌아오는 몫은 절반도 되지 않는다. 건강보험은 관리비가 3%밖에 되지 않아 확충된 재정이 모두 국민에게 되돌아온다.

건강보험은 가장이 가입해 있으면, 온가족이 피부양자로 등록되어 혜택을 본다. 반면 민간 의료보험은 개별적으로 가입해야 한다. 보험회사는 만성질환이 있는 사람이나 노인층은 아예 받아주지 않는다.

건강보험이 더 유리한 것은 소득에 정률로 부과하므로, 소득이 많으면 많은 만큼, 적으면 적은 만큼 부담한다. 급여 혜택은 필요한 만큼 받는다. 건강보험은 민간 보험처럼 폭리를 취하지도 않고, 횡포를 부리지도 않는다. 사람의 건강에 등급을 매기지도 않는다. 묻지도 따지지도 않고 누구나 혜택을 볼 수 있는 것은 국민건강보험뿐이다.

물론 국민건강보험의 재원 구조가 가진 문제가 없진 않다. 바로 보험료 부과의 형평성이다. 직장가입자의 건강보험료를 근로소득에만 부과하는 허점을 악용하여 종합소득이 많은 사람이 직장가입자로 편입하여 보험료를 일반 직장인보다 적게 내기도 한다. 또 지역가입자의 경우 소득에 비해 보험료 부담이 상대적으로 더 크다. 이런 문제점도 동시에 해결해야 한다.

보수 정치권은 무상의료를 하게 되면 최소 30조에서 54조가 소요되며, 이는 국민에게 엄청난 세금과 건강보험료 폭탄으로 돌아올 것이라고 주장한다. 언론에서 이들의 목소리를 주로 전해주는 바람에 건강보험 보장을 늘리면 큰일 날 수도 있겠다고 생각하는 이들이 많다. 하지만 그런 주장은 한마디로 사기다. 그들이 이처럼 허위 주장을 하는 이유는 건강보험의 보장을 늘리는 데 반대하기 때문이다.

건강보험 재정을 마련하기 위해서는 우선 사업주의 부담을 늘려야 한다. 그러니 친재벌 친기업을 표방하는 정부가 반대할 수밖에 없다. 또 국가의 부담도 늘어나는데, 소위 신자유주의 이념으로 무장한 모피아 관료들이 강력히 반대한다. 복지는 국가가 아닌 시장에 맡겨야 한다는 것이 이들의 신념이다.

건강보험으로 모든 병원비를 해결하게 되면, 민간 의료보험이 필요 없게 되어 삼성생명과 같은 보험회사들의 매출이 줄어든다. 민간 보험회사를 소유하고 있는 재벌이 정부와 의회에 막강한 영향력을 행사할 것임에 틀림없다.

민간 보험이냐, 국민건강보험이냐. 미래는 우리의 선택에 달려 있다. 기업과 상류층의 이익을 대변하는 정당을 선택하는가, 보편적 복지를 지향하는 정당을 선택하는가에 따라 우리의 삶의 질은 확연히 달라질 것이다.

이 책은 그동안 필자가 함께 해온 단체가 있었기에 태어날 수 있었고, 대부분 그때 쓴 글을 일부 교정한 것임을 밝힌다. 지금은 함께하지 못하게 된 진보신당 건강위원회 동지들, 그리고 지금 함께하고 있는 '국민건강보험 하나로 시민회의' 활동가들, '내가만드는복지국가' 동료들에게 감사한 마음을 전하고 싶다.

그리고 부족한 내 글에 대해 날카로운 조언과 교정을 해준 후배 은상준 박사에게 고마움을 전한다. 여러 달 동안 책 쓰는 일에만 매달리느라 함께 하지 못한 가족들에게도 고맙다는 말을 전하고 싶다.

# 차례

## 2장 아무도 말해주지 않는 보험회사의 꼼수



## 3장 미국의 실패에서 배우는 의료보험의 미래

## 4장 국민건강보험 VS 민간 의료보험 우리는 지금 선택의 기로에 서 있다

# 1장

# 당신의 불안,
# 보험가입으로
# 해결되지 않는다

# 암보험에 드느니 로또를 사라

큰 병에 걸리면 여러 가지로 살기가 힘들어진다. 몸 아픈 것도 서러운데 막대한 의료비까지 감당해야 하니 말이다. 국민건강보험이라는 제도가 있지만 아쉽게도 국민건강보험만으로는 불안하다. 현재 국민건강보험은 의료비의 60% 정도를 보장해주고 있다. 나머지 40%는 각자 감당해야 한다. 입원을 하면 동네 의원에서 외래 진료를 받을 때보다 의료비가 훨씬 더 나온다. 그런데 입원에 대한 보장률은 55% 정도에 불과하다. 가족이 중병에라도 걸리면 기둥뿌리 한 개 정도 안 뽑힐 집이 없다.

그러다 보니 많은 국민이 암보험이니 실비보험이니 하는 민간 의료보험에 의지한다. 특히 암은 치료비가 수백에서 수천만 원이 필요한 질병이다. 암에 걸리면 중산층이 하루아침에 빈곤층으로 전락할 수도 있다. 게다가 우리나라 사람은 암으로 가장 많이 사망한다. 사망자 3명에 1명꼴이다.

이처럼 암은 의료비 부담이 엄청나고, 암으로 고통 받는 사람이 많아 보험 상품을 사려는 사람도 많다. 민간 보험회사 입장에서 암보험은 돈이 되는 시장이다. 민간 보험회사가 암보험 상품을 우후죽순처럼 내놓고, 또 암보험이 불티나게 팔리는 데는 이런 까닭이 있다.

암보험은 1980년대 이후 우리나라 민간 의료보험을 대표하는 보험 상품이다. 금융감독원 자료에 의하면 2010년 현재 우리 국민의 절반이 넘는 56%가 암보험에 가입하고 있다.

이렇게 많은 국민이 의료비 불안을 덜기 위해 암보험에 가입했지만, 내가 내는 보험료가 적당한지, 실제로 필요할 때 도움이 되는지 제대로 따져보는 목소리는 없다. 암보험 가입자는 보험회사가 손해 본다는 이유로 보험료를 인상해도 '보험료가 또 올랐네' 하며 울며 겨자 먹기 식으로 끌려다닐 수밖에 없는 처지이다.

내가 내는 보험료가 적당한지 따져보고 싶어도 보험회사마다 보험료도 다르고 혜택도 달라 비교하기가 어렵다. 보험 계약 때 받은 두꺼운 보험 약관은 쳐다만 봐도 머리가 아프다.

사실 적당한 보험료가 얼마인지 알기란 불가능에 가깝다. 구성이 워낙 복잡하여 보험 상품을 전문적으로 설계하는 보험계리사가 아니면 웬만한 전문가들도 알 수가 없다. 따라서 어떤 보험 상품의 보험료가 제대로 책정되어 있는지 알 길이 없다.

하지만 민간 의료보험 상품의 보험료가 적정한지 아닌지를 알 수 있는 방법이 하나 있다. 내가 낸 보험료에서 나중에 얼마를 돌려받을 수 있는지를 알면 된다. 이를 지급률이라고 한다. 지급률은 보험회사가 보험료로 받은 돈에서 가입자에게 되돌려 주는 비율을 나타낸다. 예로 보험회사가 보험료로 1억을 거두어 이 중 5천만 원이 보험료로 지급되었다면, 지급률은 50%가 된다.

그런데 아쉽게도 대부분의 민간 의료보험 지급률은 알 수가 없다. 하지만 암보험은 예외다. 암보험은 상품 구성이 매우 단순하기 때문이다. 내가 암에 걸릴 확률과 납부하고 있는 보험료를 안다면, 간단히 계산할 수 있다.

암보험 지급률 = (암에 걸릴 확률 × 암에 걸렸을 때 받을 보험금) ÷ 납부한 보험료

여기서 모르는 것은 암에 걸릴 확률이다. 이 확률만 알 수 있으면 내가 가입한 암보험 상품의 지급률을 알 수 있다.

당첨 확률이 미리 정해져 있는 로또 복권을 예로 들어보자. 당신이 로또 복권을 한 장 산다고 하자. 당신이 당첨될 확률은 얼마일까. 당신이 구입한 1,000원짜리 로또 복권의 당첨금은 얼마일까. 로또의 원리상 1등에 당첨될 확률은 814만 5,060분의 1이다. 이론적으로 814만 장(81.4억 원어치)의 로또를 사면 1등부터 5등까지 모두 당첨될 수 있다. 로또 당첨금은 전체 판매액의 50%이다. 이는 법적으로 정해져 있다. 1등은 당첨금의 75%(전체 판매액의 37.5%)를 가져간다. 로또에 당첨되기 위해 81억 원을 쓰면 1등, 2등, 3등에 모두 당첨되겠지만, 전체 당첨금은 40억 원 정도에 불과하다. 당첨금 40억 원으로 다시 로또를 산다고 치자. 당첨금은 40억 원의 50%이므로, 20억 원이다. 이를 무한히 반복하면 당신에게는 한 푼도 남지 않는다. 이것이 로또와 같은 복권의 일반적 원리이다.

이런 계산법을 이용하면 암보험의 지급률, 즉 나의 기대수익률을 알 수 있다. 이를 통해 암보험 상품의 보험료가 적당한지 아닌지를 판단할 수 있다.

현재 정부는 매년 암 발생률, 즉 우리나라 인구 전체에서 매년 암 환자가 새로 얼마나 생기는지에 대한 통계를 발표하고 있다.

예전에 진보신당의 건강위원장으로 활동할 때 암 발생 등록 자료를 이용하여 각 보험사 암보험 상품의 지급률을 계산해본 적이 있다. 그 결과는 매우 놀라웠다. 암보험으로 1만 원을 내면 기껏 3~4천 원 정도를 가입자에게 돌려주어 지급률이 30~40%에 불과했기 때문이다. 처음에는 믿기가 어려웠다. 보험회사는 개별 상품의 지급률을 공개하진 않지만, 보험회사 전체 지급률을 대략 65~80% 정도로 발표하고 있었기 때문이다.

이것이 사실이라면, 민간 보험회사들이 암보험으로 엄청난 폭리를 취하고 있는 것이다. 암보험 상품의 지급률이 로또 복권 지급률보다 못한 것이다. 카지노 슬롯머신보다도 낮다. 카지노 슬롯머신의 경우 전체 배당금이 최소 75%가 되도록 법적으로 규제하고 있다. 의료비 불안을 해결하고자 믿고 가입한 보험이 사행성 게임의 기대치보다 못하다니!

암보험 지급률은 국민건강보험과 확연하게 비교된다. 국민건강보험에 보험료 1만 원을 내면 1만 6,800원이 돌아온다. 국민건강보험의 지급률은 무려 168%인 것이다. 2008년에 우리 국민은 건강보험료로 15조 5천억 원을 내고 26조 5천억 원의 혜택을 받았다. 암보험 지급률보다 무려 4배나 높은 수치이다.

**1만 원 내면 얼마 돌려주나?**

| 라이나 생명 | AIA 생명 | ACE생명 | 흥국 생명 | 슬롯머신 | 로또 | 국민건강보험 |
|---|---|---|---|---|---|---|
| 3,140원 | 3,530원 | 2,080원 | 4,400원 | 7,500원 | 5,000원 | 16,800원 |

〈1만 원 내면 3천 원 돌려받는 째째한 민영 보험, 시사IN, 173호〉

이제 국민건강보험에 비해 지급률이 형편없이 낮고 로또나 카지노 슬롯머신과 같은 사행성 게임보다도 못한 민간 의료보험의 실상을 낱낱이 밝혀보고자 한다.

# 암보험, 1만 원 내면 4천 원 돌려준다

여기 홈쇼핑이나 라디오 광고에서 흔히 접할 수 있는 L생명보험사의 암보험 상품이 하나 있다. 이 보험 상품의 실제 예측 지급률을 분석해보자.

이 암보험 상품에 만 40세 남성 1,000명이 동시에 10년 동안 가입한다고 가정해보자. 40세 남성이 납부하는 월 보험료는 1만 6,200원이다. 보험회사는 가입자가 보험기간 안에 암에 걸리면 4,000만 원을 보험금으로 지급한다.

이때 보험회사가 1,000명의 가입자로부터 거둬들이는 총 보험료 수입은 다음과 같다.

보험료 수입 = 1,000명 × 16,200원 × 12개월 × 10년 = 19억 4,400만 원

이제 보험회사가 얼마를 보험금으로 지급할지를 알면 된다. 이 암보험

은 암 진단 시 치료비 명목으로 4,000만 원을 지급해준다. 1,000명 중에 10년 동안 몇 명이 암에 걸리게 될까?

이를 알 수 있는 통계자료는 세 가지가 있다. 국립암센터의 암등록 자료, 암발생률 자료, 보험회사의 자체 통계자료인 암발생률 자료이다.

암등록 자료를 기준으로 하면, 40세 남성 1,000명 중 10년 동안 19.1명에서 암이 발생한다. 발생률 자료를 적용하면 23.9명, 보험회사 자료를 적용하면 26.4명에서 암이 발생한다(앞에서 암 지급률은 첫 번째인 암등록 자료를 이용한 것이다).

암등록 자료대로 1,000명 중 19.1명에게서 10년 동안 암이 발생한다고 하자. 이제 보험회사가 보험금으로 얼마를 지급할지를 예상할 수 있다. 보험회사는 19.1명에게 4,000만 원씩 보험금을 지급하게 될 것이다. 보험회사가 10년간 지급해야 할 총 보험료는 다음과 같다.

지급보험금 = 19.1명 × 4,000만 원 = 7억 6,400만 원

이 암보험의 지급률은 다음과 같다.

지급률 = 7억 6,400만 원/19억 4,400만원 = 39.3%

즉, 보험회사는 거둬들인 보험료의 39.3%를 지급한다. 나머지는 모두 보험회사의 몫이다. 하지만 실제로는 이보다 더 낮다. 보험회사는 모든 암에 대해 4,000만 원을 지급하지 않는다.

먼저 암으로 진단이 확정되지 않는 이상 보험회사 입장에서는 암환자가 아니다. 말기암으로 진단받아 치료를 하지 않는 경우 조직검사를 굳이 하지 않는 경우가 많은데, 이 경우 의사는 암으로 등록을 해주지만 보험사는 암으로 인정해주지 않는다. 진단이 '확정' 되지 않았다는 이유에서다.

또 암 중에서도 갑상선암이나 기타 피부암 등은 10%인 400만 원만 보장해준다. 갑상선암과 기타 피부암은 이 연령대에서 발생되는 암의 15% 정도를 차지한다.

마지막으로 첫 2년 동안에는 50%만 지급해준다는 단서를 달고 있다. 이를 감안하면 지급률은 30%대 중반으로 떨어진다.

19억의 보험료 수입 중에 7억 정도만 가입자에게 보험금으로 돌려주고 12억은 고스란히 보험회사가 가져간다. 보험회사 입장에서는 엄청나게 남

**40세 남성, 순수보장형, 10년납, 10년 만기 상품. 월 보험료 16,200원**

| 급부명 | 지급사유 | 지급금액 |
|---|---|---|
| 암치료 보험금 | 보험기간 중 암보장 개시일 이후에 '암' 으로 진단확정 되었을 때(단, 최초1회에 한하여 지급함) | 4,000만 원(단, 보험계약일로부터 2년경과된 보험계약 해당일 전일 이전에 지급사유가 발생하였을 경우에는 상기 금액의 50%를 지급, 그러나, 유방암의 경우 암보장 개시일부터 90일 이내에 진단확정 시 상기 금액의 10% 지급) |
| 갑상선암치료 보험금 | 보험기간 중 암보장 개시일 이후에 '갑상선암' 으로 진단확정 되었을 때(단, 최초 1회에 한하여 지급함) | 400만원(단, 보험계약일로부터 2년 경과된 보험계약 해당일 전일 이전에 지급사유가 발생하였을 경우에는 상기 금액의 50%를 지급) |
| 기타피부암, 상피내암, 경계성 종양 치료보험금 | 보험기간 중 암보장 개시일 이후에 '기타 피부암', 또는 '상피내암', 또는 '경계성 종양' 으로 진단확정되었을 때(단, 최초 1회에 한하여 지급함) | 400만 원(단, 보험계약일로부터 2년 경과된 보험계약 해당일 전일 이전에 지급사유가 발생하였을 경우에는 상기 금액의 50%를 지급) |

는 장사를 한 셈이다. 더불어 남은 몫으로 투자를 하여 투자수익까지 추가로 챙길 것이다.

물론 암등록 자료 외에 암발생률 자료와 보험회사의 자료로 계산하면 지급률은 각각 49%, 54%로 조금 높아진다. 여기서도 앞의 각종 단서조항을 감안하면 대략 40%, 45% 정도로 줄어든다.

내가 분석한 보험 상품이 특별히 문제가 있어서 지급률이 이처럼 낮게 나온 것이 아니다. 암보험 상품은 현재 많은 보험사가 판매하고 있다. 이와 같은 방식으로 암보험 상품 지급률을 간단히 계산할 수 있는데, 다른 보험 상품의 지급률을 분석해 보아도 한결같이 30~40%, 높아봐야 40% 후반에 불과하다.

**2008년 인구 10만 명당 암 진료환자 연령별 분포**

단위 명/10만 명

| 구분 | 2008년 신규 암 진료환자 | | |
|---|---|---|---|
| | 계 | 남성 | 여성 |
| 계 | 297 | 298 | 295 |
| 5세 미만 | 20 | 20 | 19 |
| 5~9세 | 7 | 8 | 6 |
| 10대 | 14 | 13 | 14 |
| 20대 | 40 | 23 | 57 |
| 30대 | 120 | 63 | 180 |
| 40대 | 284 | 191 | 381 |
| 50대 | 526 | 526 | 525 |
| 60~64세 | 817 | 1,014 | 628 |
| 65세 이상 | 1,231 | 1,785 | 836 |

여기서 암보험 상품의 특징을 알 수 있다. 암보험의 원리는 마치 도박과 같다. 도박의 원리는 당첨 확률은 낮추는 대신 당첨 시 배당금을 높이는 방식으로 사람들을 유혹한다. 암보험 역시 마찬가지다.

40대 성인이 암에 걸릴 확률은 사실 매우 낮다. 10년 동안 1,000명 중 19명, 많게 봐야 24명 정도가 암에 걸린다. 나머지 980여 명은 보험료만 부담한다.

어쨌거나 암 진단을 받은 당사자는 하늘이 무너지는 고통을 느낄 것이다. 가족을 부양해야 하는 가장이라면 더더욱 그렇다. 그렇다 보니 '암 진단 시 4천만 원 보장' 이라는 광고 문구에 쉽게 현혹된다. 더욱이 한 달에 1만 6,000원 정도라면 기꺼이 부담할 만하다고 여긴다.

보험사는 가입자들이 암에 걸릴 확률을 전혀 모른다는 점, 그리고 암에 대해 엄청난 두려움을 갖고 있다는 점을 이용하여 과도하게 이익을 챙겨가고 있다. 암보험에 가입하고 있는 독자라면 이와 같은 셈법으로 간단히 계산해보시라.

여기서 잠깐 암통계에 대해서 자세히 알아보자. 내가 분석한 암등록 자료는 엄밀히 말해서 암발생률 자료는 아니다. 암등록 자료는 의료기관에서 암으로 진단하고 암등록을 신청한 자료이다. 환자가 암으로 진단되면, 보통 암등록을 한다. 그래야 암 치료비에 대해 건강보험의 혜택을 받을 수 있다. 암 등록부터 5년 동안 치료비의 95%를 건강보험이 부담해준다.

한편 암발생률 통계는 암등록 통계보다 더 높다. 그 이유는 암으로 등록되지 않는 암환자를 포함하는 자료이기 때문이다. 말기로 진단되면 치료를 받지 않고 사망하는 경우가 있기 때문이다. 암발생률 통계는 암등록 자료와 함께 사망자료까지 포함하여 암발생률 통계를 계산한다. 이것으로 계산하더라도 지급률이 형편없이 낮다는 결론은 변하지 않는다.

마지막으로 보험회사가 가지고 있는 자체 통계이다. 보험회사는 암상품을 설계하는 데 있어 국가통계를 이용하지 않고, 자체 경험통계를 기초로 한다. 경험통계란 보험가입자 중에 어느 정도 암이 발생하는지를 기초로 산출하는 통계이다. 보통은 국가통계보다 더 높게 잡는다. 그래야 보험료도 더 높게 책정할 수 있기 때문이다.

## 낸 보험료 되돌려준다는 만기환급형의 함정

앞에서 분석한 암보험은 보험기간이 완료된 후에 한 푼도 돌려받지 못하는 보험이다. 40세 남성이 10년 동안 암에 걸릴 확률은 2% 정도에 불과하다. 따라서 가입자 중 98%는 보험기간이 만료된 후에 보험사로부터 한 푼도 돌려받지 못한다. 이를 '순수보장형' 상품이라고 한다.

가입자 입장에서는 순수보장형 암보험 상품에 내는 보험료가 아깝다는 생각이 들기도 할 것이다. 지급률이 40%도 안 된다니 더 아깝다.

그런데 보험료가 덜 아깝게 보이는 암보험 상품도 있다. 암 보장도 받을 만큼 받고, 보험기간 동안 보장을 받지 못하더라도 나중에 낸 보험료를 되돌려준다는 보험 상품이다. 이런 보험 상품을 '만기환급형' 보험이라고 한다. 얼핏 생각해도 순수보장형보다는 만기환급형이 훨씬 낫다는 생각이 든다. 보장도 받을 수 있고, 보장을 못 받을 경우 전부 되돌려준다고 하니 말이다. 보험설계사들도 순수보장형 상품보다 보장도 받고 나중에 보험료도 되돌려주는 만기환급형 상품을 더 권한다. 사실 보험설계사가 만기환급형을 권하는 이유는 보험료가 비싼 보험을 팔수록 그만큼 수수료가 더 크기 때문이다.

낸 보험료를 다시 되돌려준다는 보험이 과연 가입자에게 유리한 것인지 분석해보자.

A생명회사의 암보험 상품을 예로 들어보자. 이 암보험 역시 암 진단 시 4,000만 원을 지급해준다. 이 상품의 보장 내용은 앞에서 분석한 L생명보험사의 상품과 똑같다. 단, 한 푼도 못 돌려받는 순수보장형, 낸 보험료의 50%를 돌려준다는 50% 만기환급형, 낸 보험료 전액을 돌려준다는 100% 만기환급형이 있다.

30세 남성이 ① 순수보장형(30년납 30년 만기[1]), ② 50% 만기환급형(30년납 30년 만기), ③ 100% 만기환급형(30년납 30년 만기)에 가입할 경우로 나누어 지급률을 계산해보자. 이때 상품별로 부담해야 할 월 보험료는 각각 1만 7,200원, 2만 9,200원, 6만 8,000원이다.

먼저 계산법을 간단히 소개하자. 세 상품의 보험회사 수입은 다음과 같다(30세 남성 1,000명이 이 보험의 주 계약에 가입했다고 가정).

이제 보험회사가 지급해야 할 보험금을 계산해보자. 국가 암등록 자료에 의하면 30세 남성 1,000명 중 향후 30년에 걸쳐 총 78명의 암환자가 발생한다(첫 10년 동안 6.3명, 다음 10년 동안 19.1명, 마지막 10년 동안 52.6명이 암

---

1 '30년납 30년 만기' 란 30년 동안 매월 보험료를 납부하고, 보장기간도 30년이라는 의미이다. 만일 '10년납 30년 만기' 라면 보험료는 10년 동안 미리 내놓고, 30년간 보장받는다는 것을 의미한다.

**종류별 A보험사 보험료 수입**

① 순수보장형
1,000명 × 월 보험료 17,200원 × 12개월 × 30년 = 61억 9,200만 원

② 50% 만기환급형
1,000명 × 29,200원 × 12개월 × 30년 = 105억 1,200만 원

③ 100% 만기환급형(30년납 30년 만기)
1,000명 × 68,000원 × 12개월 × 30년 = 244억 8,000만 원

에 걸린다). 이 암보험 상품 역시 갑상선암이나 기타 피부암 등은 4,000만 원을 보장하지 않고 400만 원만 지급해준다. 하지만 손쉬운 계산을 위해서 모두 4,000만 원씩 지급한다고 하자.

순수보장형 상품의 경우 보험회사는 62억 정도를 보험료로 거둬들이고, 31억 정도를 보험금으로 지급해준다. 31억은 보험회사 몫이다. 지급률은 50.4%다. 50%, 100% 만기환급형의 지급률은 각각 79.7%, 112.7%가 된다.

보장은 동일하지만 만기환급형으로 설계하면 지급률이 급격히 올라간다. 세 종류의 암보험 평균 지급률은 95% 정도이다. 순수보장형 상품의 지급률은 50.4%에 불과하지만, 여기에 저축성 보험료를 끼워 넣으니 지급률이 올라간다.

다시 세 상품의 보험료를 확인해보자. 순수보장형은 1만 7,200원, 50% 만기환급형은 2만 9,200원, 100% 만기환급형은 6만 8,000원이다. 만기환급

**종류별 A보험사 보험금 지급액**

① 순수보장형의 보험금 지급
암 보험금: 78명 × 4,000만 원 = 31.2억 원

② 50% 만기환급형
암 진단 보험금(31.2억 원)+만기 환급금(낸 보험료의 50%)=83억 7,600만 원

③ 100% 만기환급형(30년납 30년 만기)
암 진단보험금(31.2억 원)+만기 환급금(보험료의 100%)=276억 6,000만 원

형의 보험료는 매우 비싸다. 낸 보험료를 되돌려준다는 만기환급형 보험은 보장받을 보험료 외에 나중에 돌려받을 보험료를 추가로 내기 때문이다. 그래도 어찌 되었든 지급률이 높으니 가입자 입장에서 더 나은 상품이 아닌가 생각할 수도 있다. 그런데 전혀 그렇지 않다.

100% 만기환급형의 경우, 가입자가 30년 동안 내야 할 총 보험료는 2,448만 원이다. 30년 동안 1,000명 중 78명이 암 진단을 받고 4,000만 원의 보험금을 지급받는다. 다행히도 암 진단을 받지 않은 922명은 30년 후에 보험료 전액인 2,448만 원을 돌려받는다.

그런데 여기서 30년 후의 물가상승률을 반드시 고려해야 한다. 30년 후 물가상승률을 고려하면 현재 가치로 얼마나 될까? 우리 사회가 매우 안정되어 매년 3%씩만 물가가 인상된다고 가정하더라도 30년 후 2,448만 원의 가치는 982만 원으로 하락한다.

만기환급형의 문제는 돈의 가치 하락에 있지 않다. 낸 보험료의 100%를 돌려받기 위해 가입자는 순수보장형 상품(보험료 17,200원)보다 5만 800원을 더 부담해야 한다. 보험기간이 끝난 후 2,448만 원을 돌려받기 위해 추가로 납부해야 할 보험료가 30년간 1,828만 8,000원이다.

차라리 만기환급형 대신에 순수보장형 암보험에 가입하고, 남은 5만 800원을 매달 저축한다면 어떨까. 연 복리 4%인 정기예금 상품에 넣는다면 30년 뒤 무려 6,053만 원이 된다. 수익률은 231%에 이른다. 그런데 민간 의료보험에 넣어두면 2,448만 원만 돌려받는다. 지급률은 40.4%(=2,448만 원/6,053만 원)다. 결국 저축성도 순수보장형 지급률 정도밖에 안 되는 셈이다.

만기에 다 돌려준다는 명목으로 가입자가 손해를 보지 않는 것처럼 눈속임을 하지만 사실상 1,828만 원을 6,053만 원으로 불릴 수 있는 기회를 보험사가 빼앗아가는 셈이다. 보험회사는 그 돈을 굴려 더 큰 수익을 남길 것이다. 이 원리를 이해했다면 만기환급형 상품은 절대 가입하지 마시라. 남는 돈으로 그냥 저축하는 것이 돈 버는 길이다. 이것이 보장도 받고 낸 보험료도 다시 되돌려준다는 만기환급형 상품의 실상이다.

## 많이 돌려주는 것처럼 보이는 보험회사 자료의 눈속임

지급률을 쉽게 계산할 수 있는 상품은 암보험이 유일하다. 암보험은 암발생 확률을 알 수 있기 때문에 계산이 가능하다. 하지만 다른 의료보험 상품은 지급률을 알 수가 없다. 실제 의료비(본인부담금)를 보상해주는 실비 의료보험이나, 입원 당 얼마 혹은 수술 당 얼마 식으로 보상해주는 보험은 그 항목이 너무 많고 복잡하여 사실상 암보험과 같은 방식으로 지급률을 계산할 수 없다.

이를 알 수 있는 유일한 방법은 보험회사가 각 상품별로 지급률을 공개하는 것이다. 하지만 보험회사가 이를 공개할 리가 없다. 보험회사는 개별 상품의 지급률은 영업 비밀에 해당한다며 밝히지 않는다.

암보험, 질병보험, 실비 의료보험과 같이 개별 상품의 지급률을 공개하지는 않지만 보험회사가 판매하는 전체 상품의 지급률은 공개한다. 이것은 홈페이지에서 조금만 눈여겨보면 쉽게 찾을 수 있다.

**생명보험사 보험금 지급률**

| | 2007 | 2008 | 2009 | 2010 |
|---|---|---|---|---|
| 전체 보험금 지급률 | 59.5 | 64.6 | 61.6 | 64.7 |
| 개인계 | 57.4 | 58.8 | 55.4 | 56.8 |
| – 생존 | 73.8 | 85.2 | 55.6 | 55.7 |
| – 사망 | 41.6 | 49.9 | 51.6 | 51.3 |
| – 생사혼합 | 155.9 | 107.9 | 86.0 | 55.3 |
| – 변액 | 33.9 | 33.9 | 47.3 | 66.6 |
| 단체 | 81.6 | 133.1 | 119.9 | 147.2 |

(보험동향 자료를 재정리함)

보험회사들은 매 분기별 매 연도별 지급률을 공개하고 있는데 생명보험사 전체 지급률[2]은 대략 60~65% 정도에 이른다. 손해보험사는 75% 내외의 손해율을 보인다(생명보험회사의 경우 보통 '지급률' 이라는 용어를 흔히 사용하고, 손해보험사는 같은 의미의 지급률을 '손해율' 이라고 표현한다).

하지만 전문가라고 해도 위와 같은 자료에서 민간 의료보험의 지급률이 얼마인지, 암보험 지급률이 얼마인지 알기란 어렵다. 생존, 사망, 생사혼합과 같은 용어도 생소하다. 암보험, 실비 의료보험과 같은 민간 의료보험은 생명보험사의 생존 · 사망보험 어딘가에 소속되어 있다. 손해보험사가 판

2 보험사 통계에서 표현된 지급률은 해당 연도의 보험료 수입과 해당 연도의 보험금 지출의 비를 나타낸다. 여기서 지급률은 보험금 수령, 중도 해약 환급금, 만기 환급금 등 어떤 명목으로든 가입자에게 돌려준 보험료를 말한다.

매하는 민간 의료보험은 장기손해보험에 포함되어 있다.

어찌되었든 보험회사 통계로 알 수 있는 것은 전체적으로 60~75% 정도 지급률이라는 것이다. 이런 정도의 지급률도 형편없다고 판단하지만, 그렇더라도 내가 분석한 지급률인 40%와 상당히 거리가 있다.

그런데 의외의 자료를 통해 이 의문이 풀렸다. 국회도서관에서 보험회사 관련 자료들을 살펴보다 뜻밖에도 '금융통계월보자료' 를 찾게 된 것이다. 금융통계월보는 은행, 증권사, 보험사 등 금융권의 재무현황을 분석한 통계자료다. 금융통계월보의 보험사 편에는 전체 생명보험사와 손해보험사의 대차대조표와 손익계산서, 지급 보험금 내역이 자세히 기록되어 있다.

이 자료에서 주목한 부분은 생명보험회사의 지급보험금을 보장성 보험

**손해보험사의 종류별 손해율**

| | 2007 | 2008 | 2009 | 2010 |
|---|---|---|---|---|
| 장기손해보험 | 80.7 | 79.4 | 79.8 | 81.2 |
| 자동차보험 | 73.0 | 69.7 | 75.7 | 80.3 |
| 화재보험 | 44.2 | 39.7 | 32.0 | 38.8 |
| 해상보험 | 57.7 | 127.1 | 77.4 | 83.7 |
| 보증보험 | 19.5 | 48.7 | 58.0 | 9.2 |
| 특종보험 | 60.4 | 64.7 | 62.4 | 62.2 |
| 해외원보험 | 34.6 | 45.8 | 32.7 | 41.1 |
| 해외수재보험 | – | 91.0 | 59.3 | 68.4 |
| 전체 | 75.7 | 74.8 | 76.0 | 77.6 |
| 사업비 | 23.5 | 25.4 | 23.8 | 22.0 |

과 저축성 보험으로 나누어 각기 지급보험금을 산정하였다는 점이다. 복잡한 보험 상품을 분류하는 기준은 여러 가지가 있는데, 생명보험사가 판매하는 전체 보험 상품을 보장성 보험과 저축성 보험으로 나눈 것이다. 보험업법 감독규정에 의하면 보장성 보험은 만기 시에 지급하는 보험금의 합계액이 이미 납입한 보험료와 같거나 적은 경우를 말한다. 또 저축성 보험이란 만기 시에 지급하는 보험금의 합계액이 이미 납입한 보험료보다 많은 것을 말한다. 쉽게 이해하자면 해당 보험 상품의 지급률이 100% 이하인 경우는 보장성이고, 100% 이상인 경우는 저축성 보험인 셈이다. 저축성 보험의 예는 저축보험, 연금보험, 퇴직연금 등이 해당되며, 일반적인 민간 의료보험이나 종신보험 등은 보장성 보험에 해당된다.

이를 알고 금융통계월보 자료를 보자. 2008년의 경우 보장성 보험과 저축성 보험을 합친 전체 지급률은 34,439.4(십억)/51,685.8(십억) = 66.6%이다. 이를 보장성 부문과 저축성 부문으로 나누어서 지급률을 계산해보면,

**생명보험회사의 보장성 / 저축성 보험의 지급 보험금**

단위 십억

| 회계연도 | 보험료 수익 | | | 지급 보험료 | | |
|---|---|---|---|---|---|---|
| | 보장성 | 저축성 | 계 | 보장성 | 저축성 | 계 |
| 2006.3 | 28,310.2 | 19,470.5 | 47,787.0 | 11,115.4 | 19,291.0 | 30,406.4 |
| 2007.3 | 29,651.0 | 19,959.0 | 49,610.0 | 12,359.4 | 15,686.9 | 28,082.3 |
| 2008.3 | 30,782.0 | 20,903.8 | 51,685.8 | 13,520.4 | 20,919.0 | 34,439.4 |
| 2009.3 | 30,368.7 | 20,863.7 | 51,232.4 | 16,121.3 | 19,419.4 | 35,540.7 |
| 2010.3 | 29,705.6 | 23,653.5 | 53,359.1 | 15,953.9 | 15,698.2 | 31,652.1 |

〈금융통계월보〉

**손해보험사의 위험 · 부가보험료 / 저축성 보험료의 손해율**

단위 십억

| 회계연도 | 장기손해 · 개인연금 및 퇴직보험의 위험 · 부가 | | | 장기손해보험의 저축성 보험료 | | |
|---|---|---|---|---|---|---|
| | 경과보험료 | 발생손해액 | 손해율 | 경과보험료 | 발생손해액 | 손해율 |
| 2006.3 | 3,797.2 | 1,704.4 | 44.89 | 7,385.7 | 7,915.6 | 107.17 |
| 2007.3 | 4,877.1 | 2,149.9 | 44.08 | 8,698.7 | 9,187.0 | 105.61 |
| 2008.3 | 6,231.6 | 2,641.9 | 42.40 | 10,030.5 | 10,547.0 | 105.15 |
| 2009.3 | 7,718.4 | 3,450.6 | 44.71 | 11,088.6 | 11,396.2 | 102.77 |
| 2010.3 | 10,016.0 | 4,789.7 | 47.82 | 13,032.6 | 13,478.1 | 103.42 |

〈금융통계월보〉

보장성 부문은 13,520.4/30,782.0= 44%, 저축성 부문은 20919.0/20903.8 =100%이다.

즉, 보장성과 저축성으로 나누어 보면 보장성 부문의 지급률이 훨씬 낮아진다. 앞에서 분석한 암보험은 보장성 보험에 속한다.

그렇다면 손해보험의 경우는 어떨까? 역시 금융통계월보를 통해 그 실체를 알 수 있다.

손해보험사의 자료는 생명보험사와 조금 다르다. 생명보험사는 모든 보험 상품을 보장성 보험/저축성 보험으로 나누어 지급률을 분석한 반면, 손해보험사의 상품은 하나의 보험 상품을 위험 · 부가 부문과 저축성 부문으로 나눈 것이다(보험료 구조에 대한 자세한 설명은 뒤에 나오는 '보험료 구성을 알면 보험이 보인다' 편을 참고하라). 2001년부터 장기손해보험과 개인연금 상품의 위험 · 부가보험료는 일반계정으로, 저축보험료는 특별계정으로 따로 분류하여 관리하도록 하고 있다.

장기손해, 개인연금 및 퇴직보험의 위험 · 부가보험료의 손해율은 고작 42~47%에 불과함을 확인할 수 있다. 장기손해보험의 저축성 부문 손해율 자료를 보면 100%를 넘어선다. 저축성이니 100%가 넘어가는 것은 당연하다.

간단히 설명하면 이렇다. 앞의 분석대로 100원(위험 · 부가부문)을 거둬서 40원(지급보험금)을 지급하는 것으로 보험료를 설계한다. 이때 손해율은 40%이다. 그런데 이 암보험 상품에 저축성 보험료를 추가한다. 100원을 추가 보험료로 부과하고, 나중에 100원을 그대로 돌려준다고 하면 200원의 보험료를 거둬서 140원을 지급해준다. 이때 지급률은 70%가 된다.

보험회사의 통계를 보더라도 실제로 암보험과 같은 보장성 부문의 지급률은 50%도 되지 않음을 알 수가 있다. 보험회사 전체 지급률이 70% 내외로 나오는 이유는 바로 저축성 보험료가 들어 있기 때문이다. 보장성 부문의 낮은 지급률이 드러나지 않도록 저축성 부문이 가려주는 셈이다. 저축성 보험이 많으면 많을수록 전체 지급률이 올라가는 것은 당연하다. 이것이 바로 보험사의 눈속임이다.

# 젊을 때 가입한 암보험, 노후엔 깨진 독

보험 광고를 보면 마지막에 '갱신 시 보험료가 인상될 수 있습니다'는 멘트가 나오는 경우가 많다. 광고하는 보험이 갱신보험이라는 말이다. 예를 들어 '10년 만기 10년납 갱신형 상품'은 10년간 매월 보험료를 부담하고, 10년 동안 보장받는다는 의미이다. 10년 동안 보장받은 이후에도 계속 보장을 받으려면 갱신을 해야 한다. 갱신 시에는 새롭게 위험률을 평가하여 다시 보험료를 결정하는데, 이때 보험료가 인상될 수 있다는 의미이다.

이 표현은 마치 갱신 시에 보험료가 인상되지 않을 수도 있고, 인상될 수도 있다는 의미로 전달된다. 즉, 오르더라도 보험료가 조금 오를 것이라는 기대를 하게 만든다. 정말 그럴까?

실례를 보자. 한 생명보험회사가 판매하는 암보험의 보험료 예시이다. 암 진단 시 5,000만 원을 보장해준다. 이 보험은 10년 만기 갱신형 상품으로 80세까지 갱신이 가능한 상품이다. 이 상품에 가입해서 80세까지 보장받는다고 생각해보자. 갱신 시 보험료는 대략 어느 정도 인상될까?

**L생명보험의 플러스암보험**(갱신형, 80세까지 보장)

단위 원

| 나이 | 남성 | 여성 |
|---|---|---|
| 30세 | 9,000 | 16,250 |
| 40세 | 20,250 | 33,500 |
| 50세 | 51,750 | 45,000 |

기준가입금액: 주계약 2,500만원, 순수보장형, 최초 계약 10년 만기 전기월납

이 암보험 상품을 보면 가입 시 연령에 따라 보험료 격차가 매우 큰 것을 알 수 있다. 특히 남자의 경우가 더 그렇다. 대략 2배 이상씩 증가한다. 이 암보험은 80세까지 갱신이 가능하다.

30세 남성은 9천 원을 보험료로 내고 10년간 보장받은 후에 다시 갱신해야 한다. 그때는 40세 기준의 보험료가 적용된다. 보험료는 2배 조금 넘게 오른다. 50대가 되면 보험료가 또다시 2배 이상 오른다.

계속 갱신해서 80세까지 보장받겠다고 한다면, 갱신 보험료가 60세에는 얼마나 될까? 70세에는 얼마나 될까?

민간 의료보험은 철저하게 개인 위험률에 따라 보험료를 부과한다. 암보험 역시 마찬가지이다. 암은 연령이 증가할수록 발생률이 올라가는데, 발생률이 올라가는 만큼 보험료도 올라간다.

2008년 암발생률

| 연령군 \ 성 | 남자 | | 여자 | |
|---|---|---|---|---|
| | 연령군별 발생률 (명 / 10만 명) | 상대비 | 연령군별 발생률 (명 / 10만 명) | 상대비 |
| 0~4 | 20.7 | 0.12 | 18.5 | 0.05 |
| 5~9 | 11.1 | 0.06 | 8.4 | 0.02 |
| 10~14 | 11.8 | 0.07 | 11.8 | 0.03 |
| 15~19 | 17.5 | 0.10 | 18.3 | 0.05 |
| 20~24 | 19.6 | 0.11 | 40.4 | 0.10 |
| 25~29 | 31.7 | 0.18 | 89.7 | 0.24 |
| 30~34 | 57.6 | 0.33 | 166.3 | 0.44 |
| 35~39 | 95.0 | 0.54 | 253.2 | 0.67 |
| 40~44 | 174.9 | 1 | 378.6 | 1 |
| 45~49 | 303.9 | 1.7 | 509.1 | 1.3 |
| 50~54 | 524.9 | 3.0 | 585.7 | 1.5 |
| 55~59 | 841.5 | 4.8 | 644.4 | 1.7 |
| 60~64 | 1255.9 | 7.2 | 729.9 | 1.9 |
| 65~69 | 1823.4 | 10.4 | 806.8 | 2.1 |
| 70~74 | 2384.9 | 13.6 | 965.9 | 2.6 |
| 75~79 | 2896.3 | 16.6 | 1105.4 | 2.9 |
| 80~84 | 2980.9 | 17.0 | 1191.4 | 3.1 |
| 85세 이상 | 2765.3 | 15.8 | 1174.6 | 3.1 |
| 전체 | 375.7 | 2.1 | 348.1 | 0.9 |

〈국가암등록본부〉

암 발생은 연령이 증가할수록 단순 비례하는 것이 아니라, 급격히 증가하는 모양새를 띈다. 남성의 경우, 40세 미만에서 암발생률은 매우 낮아서 3.5%에 불과하다. 남성 전체 암 발생 중 75%는 60세 이후에 발생한다. 나머지 25%만이 60세 미만에서 발생한다.

40세부터 암발생률이 서서히 증가하며, 60세가 넘어서면서부터 급격하게 증가한다. 40대 초반 암발생률을 1이라 할 경우, 20대 초반은 0.11배에 불과하며, 50대 초반은 3.0배, 60대 초반은 7.2배, 70대 초반은 13.6배까지 증가한다.

이런 기초 통계를 통해 실제로 암보험이 필요한 연령대는 암 발생률이 급격히 증가하는 60세 이상임을 알 수 있다. 하지만 암보험 판매는 암 발생 가능성이 낮은 60세 미만에서 이루어진다. 다른 민간 의료보험도 마찬가지지만, 특히 암보험은 주로 30~40대에 가입한다. 암보험의 연령 제한은 보통 50세 정도이며, 일부만 60세까지 가입해준다. 물론 갱신을 통해 60대 이후에도 보장받을 수 있다. 문제는 보험료다.

암발생률 통계를 이용해 보험회사가 보여주지 않는 갱신 시 보험료를 추정해보자. 30세의 보험료는 9천 원인데 반해 50세의 보험료는 무려 5.7배에 이른다. 국가암발생률 상대비에서 알 수 있듯이 암발생률이 그만큼 증가하기 때문이다. 60세의 암발생률 상대비는 20.2배이고, 70세의 암발생률

**암 발생률 통계를 이용한 60세와 70세의 보험료 추정(괄호 안은 추정치)**

| 나이 | L보험사 보험료 | 보험료 상대비 | 국가암발생률 상대비 |
|---|---|---|---|
| 30~39세 | 9,000 | 1 | 1 |
| 40~49세 | 20,250 | 2.25 | 3.1 |
| 50~59세 | 51,750 | 5.75 | 8.9 |
| 60~69세 | (181,800) | (20.2) | 20.2 |
| 70~79세 | (311,400) | (34.6) | 34.6 |

위험은 34배로 뛴다. 이를 추정하면, 60세에는 매달 18만 원을, 70세에는 무려 30만 원이 넘는 보험료를 내야 한다.

놀랍지 않은가? 소득이 있는 30~40대에게 1~2만 원은 별 부담이 되지 않는다. 기꺼이 보험료를 감당할 수 있다고 생각한다. 보험료도 저렴하게 느껴진다. 보험회사가 보험료를 저렴하게 내놓아서 그런 것이 아니다. 암 발생률이 매우 낮아서 그런 것뿐이다. 문제는 갱신 시마다 보험료가 '인상될 수 있는' 정도가 아니라는 데 있다. 1만 원에 불과하던 보험료가 60~70대에는 20~30만 원으로 뛴다. 갱신 시 보험료는 무조건 '폭등' 수준으로 인상된다고 하는 것이 정확한 표현일 것이다.

이런 기초적인 통계 지식을 이해하면, 왜 보험회사들이 50~60세 이상에게 암보험을 팔지 않는지 알 수 있다. 누가 20~30만 원짜리 보험 상품을 사려고 하겠는가. 더욱이 소득이 없는 어르신들이 말이다. 사실 암은 주로 노인에게서 발생되므로, 보험의 필요성으로 따지자면 노인들이 가장 필요로 한다. 그러나 정작 보험회사들은 노인들에게 보험을 판매하지 않고, 오히려 발생률이 지극히 낮은 30~40대를 주 타깃으로 판매한다.

노후에도 암 보험이 당신을 지켜줄 수 있을 것이라 생각하는가. 퇴직하고도 비싼 보험료를 낼 능력이 있는가.

# 갱신형 상품보다 비갱신형을 권하는 이유

앞에서 살펴보았듯이 암보험은 갱신 시마다 2배 이상 보험료가 상승한다. 연령 증가에 따라 암발생률이 급격히 올라가기 때문이다.

이를 역이용하여 보험회사들은 갱신형 보험보다 비갱신형 보험을 권장하기도 한다. 갱신형은 초기에 보험료가 상대적으로 저렴한 반면 갱신 시마다 보험료가 인상되어 나중에 보험료 부담이 크다. 암보험이 80세까지 보장해준다고 할 때, 10년마다 갱신할 경우 보험료는 그때마다 올라간다. 반면 비갱신형 상품은 80세까지 가입기간 동안 보험료가 일정하다. 소득이 있을 때 미리 보험료를 내놓으면 상대적으로 부담이 적을 수 있다. 갱신형보다 비갱신형을 추천하는 이유다. 하지만 비갱신형 보험 역시 함정이 숨어 있다.

자, 이제 비갱신형 암보험 상품을 분석해보자. W보험사의 평생우리암보험 상품을 예로 들어보자. 이 보험은 순수보장형 비갱신형 암보험 상품으로 80세까지 보장받을 수 있다. 암에 걸렸을 때 일반 암의 경우 2,000만 원(고액 암은 4,000만 원, 갑상선암은 600만 원, 기타 암은 300만 원)을 보장해 준다.

비갱신형 보험 상품의 보험료 납부 방식에는 전기납과 10년납 두 가지가 있다. 만기가 80세이면 전기납은 보험 가입 후 80세까지 보장이 되는 전체 기간에 걸쳐 보험료를 내는 것이다. 10년납은 가입 후 10년에 걸쳐 내야 할 보험료를 미리 다 내고 80세까지 보장을 받는 방식이다. 40세 남성이 이와 같은 방법으로 납부할 경우 월 보험료와 총 보험료는 다음과 같다.

| | 만기 | 납부기간 | 월 보험료(40세 기준) | 총 보험료 | 보장금액 |
|---|---|---|---|---|---|
| 순수보장형 비갱신형 전기납형 | 80세 | 전기납 | 28,500원 | 13,680,000원 | 2,000만 원 |
| 순수보장형 비갱신형 10년납형 | 80세 | 10년납 | 61,800원 | 7,416,000원 | 2,000만 원 |

40세 남성이 전기납형 암보험에 가입할 경우 40년에 걸쳐 매월 2만 8,500원을 부담하면 암 발생 시 2,000만 원의 보험금을 받을 수 있다. 반면 10년납 형은 2배가 조금 넘는 보험료를 사전에 10년만 납부하면 이후 30년간 보험료 부담 없이 2,000만 원을 보장받을 수 있다.

자, 당신이 만일 이 상품에 가입한다고 하면 어떤 상품을 고르겠는가? 그 기준은 무엇인가?

먼저 전기납형 암보험에 가입한다고 하자. 40세 남성이 평생 납부해야 할 보험료 총액은 무려 1,368만 원이다. 이 사람의 평생 암 발생 확률은 대략 35%이다. 65%는 암에 걸리지 않는다. 즉, 셋 중 둘은 1,000만 원이 훨씬 넘는 보험료를 내기만 할 뿐 아무런 혜택도 받지 못한다.

물론 셋 중 한 명은 암에 걸려 2,000만 원의 보험금을 받을 수 있는 행운을 쥐게 될 것이다. 그것을 행운이라고 표현하기는 불편하지만 말이다. 보통 암이 발생하게 되면 보험료를 더 이상 납부하지 않아도 된다. 암 진단을 받고 나면 보험금을 받은 후 해약된다.

가입 초기에 암이 발생하면 더 적은 보험료를 내게 되지만 가입 후반부에 암이 발생하면 그만큼 보험료 부담이 커지게 된다. 암발생률 자료에 의하면 대부분의 암은 60세 이상의 고령에서 발생하며, 70대에 가장 높다. 암이 발생되는 경우의 절반은 70대이다. 암 발생자의 절반 이상은 적어도 30년 동안 보험료를 부은 후에야 2,000만 원의 보상을 받는다. 30년간 부어야 하는 보험료는 무려 1,026만 원이다.

이것은 무엇을 의미하는가. 이 보험에 가입한 40세 남성 중 65%는 암에 걸리지 않는다. 이들의 임무는 1,300만 원이 넘는 보험료를 납부하는 것으로 끝난다. 나머지 35%는 암에 걸려 보험금을 지급받을 수 있다. 하지만 70대가 된 후에 보통 암에 걸리므로 그중 절반은 1,000만 원이 넘는 보험료를 낸 후에 겨우 2,000만 원의 혜택을 본다. 그것도 최소 30년이 지난 후에! 30년 후에 2,000만 원의 가치가 어느 정도나 될지를 한번 생각해보라. 물가인상률이 3%에 불과하다고 가정할 경우, 800만 원으로 하락한다. 1,000만 원의 보험료를 4% 복리이자를 주는 은행에 저축하면 30년 후에는 3,300만 원이 된다.

그렇다면 미리 10년에 걸쳐 보험료를 완납하고 나머지 30년 동안 보장받는 10년납 형은 어떨까. 이 경우 10년간 총 납부해야 할 보험료는 741만

6,000원으로 전기납보다는 보험료가 적다.

그런데 마찬가지로 740만 원의 보험료를 내고, 셋 중 둘은 아무런 혜택을 보지 못한다. 나머지 한 명만 암 진단을 받고 혜택을 볼 것이다. 운 좋게(?) 암에 걸린 사람은 750만 원을 내고 2,000만 원의 진단금을 받는다. 하지만 앞에서 언급했듯이 그중 절반은 30년 후에나 받는다.

이 돈으로 투자를 한다면 어떨까. 보험회사에 맡기느니 차라리 그 기간 동안 저축하는 것이 낫지 않을까? 만일 10년납 방식으로 저축을 한다고 하면 얼마로 불어나 있을까? 10년 후 740만 원은 880만 원이 된다. 880만 원을 다시 30년간 저축한다고 할 때 2,600만 원으로 불어난다.

보험회사는 위와 같은 사실을 모를까? 아니다. 알고 있다. 그렇기에 10년납 80세 보장의 암보험 보험료가 더 저렴하게 책정된다. 보험회사는 미리 보험료를 거두어들여 그 돈을 투자해서 투자이익을 얻을 목적으로 이렇게 보험을 설계하는 것이다.

결국 갱신형이든 비갱신형이든 가입자 입장에서는 그리 큰 차이가 없다. 보험회사나 설계사 입장에서는 비갱신형을 선호한다. 보험회사 입장에서는 비갱신형의 경우 보험료를 더 높게 책정하여 보험료 수입의 규모를 키울 수 있고 그 돈을 굴릴 수 있어 좋다. 설계사 입장에서도 보험료가 높을수록 수당이 많아진다. 가입자로서는 이러나저러나 좋을 것이 없다. 단지 조삼모사에 불과할 뿐이다.

# 실비 의료보험료,
# 갱신 폭탄이 다가온다

"2,600만 실손 의료보험, 보험료 갱신 폭탄 다가온다."

지난해 연합뉴스는 이런 제목으로 실손 의료보험료에 관한 소식을 실었다. 실손 의료보험의 본격적인 갱신 시점이 다가오고 있는데, 보험료가 급격히 상승할 것이라는 내용이다. 보통 실비 의료보험은 3~5년마다 갱신되는 대표적인 갱신보험이다. 나는 이 기사를 보면서 두 번이나 깜짝 놀랐다.

먼저 실손보험 가입자가 단 몇 년 만에 2,600만 명이나 된다는 사실에 놀랐다. 실손보험은 2006년경부터 본격적으로 판매되었다. 2005년 후반기부터 생보사에서 실손보험을 판매하기 시작하였는데 이때부터 보험사 간에 판매 경쟁에 불이 붙기 시작하였다. 그런데 본격 출시된 지 5년도 되지 않아 2,600만 명이 가입했다고 한다. 실손보험 가입이 거부되는 60세 이상을 제외하면 전 국민의 3분의 2 이상이 가입하고 있다고 봐야 한다. 이제 실손형 민간 의료보험을 하나쯤 들어두는 것이 당연시 되고 있다.

민영 '건강보험' 으로 불리는 실손 의료보험의 갱신 시기가 올해 하반기부터 내년까지 집중돼 갱신보험료 부담이 우려되고 있다.

상품을 판매한 손해보험사와 가입자의 연령에 따라 조금씩 다르지만 새로운 요율이 적용된 지난 6월부터 대략 20~30%씩 오르고 있다는 게 금융감독원과 업계의 설명이다.

당장 갱신보험료 부담도 부담이지만, 갈수록 평균수명이 길어지면서 훗날 마땅한 수입이 없는 은퇴자들이 보험료를 내지 못해 정작 필요할 때 보장을 받지 못하는 사태가 더 큰 걱정거리다.

.....

◇8천 원씩 내던 보험료, 9년 만에 3배로 '껑충'

자영업자 최 모(49)씨는 지난 2002년 10월 지인의 권유로 가족 모두 장기 손해보험 상품에 가입했다. 상품 약관에는 주계약인 사망보험, 암보험 외에 특약으로 실손보험이 포함됐다. 전체 보험료 20만 원 가운데 실손보험료는 3만 2,776원에 불과했다.

병을 앓거나 사고를 당해 치료를 받아도 매월 3만 3,000원씩 꼬박꼬박 내면 가족의 병원비를 모두 보장해준다는 설계사의 말을 믿은 최 씨. 실손보험료는 그러나 다음달부터 10만 1천212원이 된다. 가입 당시와 비교하면 매월 내는 보험료가 3배로 뛴 셈이다......

〈2,600만 실손 의료보험, 보험료 갱신폭탄 우려, 연합뉴스〉

그다음에 놀란 것은 갱신 시 실손 의료보험료의 증가폭이다. 실손형 의료보험은 대부분 3년마다 갱신하도록 되어 있고, 갱신 시마다 보험료가 오르게 되어 있다. 앞에서 암보험의 갱신에 대해서 설명한 바 있듯이 실손 의료보험도 '갱신 시에 보험료가 인상될 수 있다.' 가 아니라 '갱신 시 보험료는 무조건 오른다.' 이다. 문제는 그 증가폭인데, 생각보다 상승폭이 아주 가파르다.

기사에 의하면 보험료가 대략 20~30%씩 인상된다고 한다. 물론 이는 특약에 가입한 실손보험료가 이만큼 오른 것이 아니라, 실손 특약 보험료를 포함한 전체 보험료가 실손 특약 보험료의 인상으로 인해 이만큼 올랐다는 의미이다. 그렇다면 실손 보험료만 계산할 경우 얼마나 올랐을까. 이것은 기사 후반부를 보면 알 수 있다. 어느 가족은 가족 당 초회 가입 시 실손보험료가 3만 원이었지만, 3번 갱신 후 무려 3배로 뛰었다고 한다. 갱신은 3년마다 이루어지니 3번 갱신이면 9년 후가 된다. 9년 후에 무려 3배가 뛰었다니, 어떻게 이런 일이 발생한 걸까.

자, 이제 실손 담보 보험료가 갱신 시마다 어느 정도씩 오를지를 살펴보도록 하자. 민간 의료보험은 철저히 개인위험률에 기초하여 보험료를 부과한다. 의료비에 가장 결정적으로 작용하는 요인은 나이다. 따라서 나이가 많아질수록 보험료가 인상된다.

다음은 보험회사를 감독하는 금융감독원이 작성한 자료로, 실손보험 갱신 시 보험료가 어떻게 인상되는지를 제시한 표이다. 40세 남성의 실손의료비 담보 보험료가 8,194원(요즘은 1만 원이 훨씬 넘는다)일 경우 갱신 시마다 보험료는 대략 15~21% 내외로 인상된다. 나이가 많아짐에 따라 위험률이 증가하기 때문이다.

그러나 실제로는 이보다 더 많이 인상된다. 연령 증가에 따른 위험률 증가 외에도 다른 인상 요인이 존재하기 때문이다. 건강보험 재정의 경우, 매년 10% 내외로 총 재정이 증가한다. 핵심 요인은 인구의 고령화와 함께 의

**경과기간별 실손의료비 담보 갱신보험료(예시)**

단위 원, %

| 경과기간(연) | 40세 | 43세 | 46세 | 49세 | 52세 | 55세 | 58세 |
|---|---|---|---|---|---|---|---|
| 연령증가 반영 | 8,194 | 9,403 | 10,839 | 12,955 | 15,671 | 18,714 | 22,451 |
| 증가율 | | 14.8 | 15.3 | 19.5 | 21.0 | 19.4 | 20.0 |
| 연령증가 +10% 위험률 증가 반영 | 8,194 | 10,343 | 13,115 | 17,243 | 22,944 | 30,139 | 39,773 |
| 증가율 | | 26.2 | 26.8 | 31.5 | 33.1 | 31.4 | 32.0 |

주) 40세 기준(100세 만기), 종합입원의료비(5,000만 원), 종합통원의료비 (50만 원, 외래 25만 원, 약제 5만 원) 담보 위험보험료(3년마다 갱신), 〈금융감독원〉

료수가 인상, 의료 진료량 증가, 질병구조의 변화 등이다. 의료수가 인상은 곧 물가 인상을 의미하며 매년 2~3%씩 증가한다. 진료량의 증가는 의사가 같은 환자를 진료하더라도 해가 갈수록 진료 강도가 높아짐을 의미한다. 더 많은 검사를 하게 되고 더 많이 병원을 방문하게 되는 것이다. 질병 구조의 변화는 인구의 고령화와 함께 만성질환이 급격히 증가하기 때문이다. 만성질환자의 증가는 의료비 증가를 유발하는 핵심 원인이다.

따라서 연령 증가 외의 요인도 반영해야 한다. 금융감독원은 연령 증가 요인 외에 위험률 증가 요인 10%가 추가될 경우 갱신보험료는 대략 26~33%씩 증가할 것으로 예측했다. 따라서 40세 남성의 갱신보험료는 8,194원이지만, 3번 갱신한 후인 49세에는 1만 7,243원으로 2배가 조금 넘게 인상되고, 6회 갱신 후인 58세가 되면 또다시 2배가 넘게 인상되어 3만 9,773원으로 오른다. 그렇다면 40세 남성이 평균수명인 80세까지 보험을 유지할 경우, 보험료는 어느 정도나 될까?(보통 실비보험은 100세 만기임을 자랑한다) 여기서는 금융감독원의 예측대로 평균 30%씩 증가한다고 가정해보자.

| 연령 | 58세 | 61세 | 64세 | 67세 | 70세 | 73세 | 76세 | 79세 | 82세 |
|---|---|---|---|---|---|---|---|---|---|
| 보험료 | 39,773 | 51,704 | 67,216 | 87,381 | 113,595 | 147,674 | 191,976 | 249,569 | 324,440 |

40세 남성의 실손보험료는 20년 후인 61세에는 초회 보험료의 6.3배인 5만 1,704원이 되고, 40년 후인 79세에는 무려 30배가 넘는다. 이것은 금융감독원의 시뮬레이션을 그대로 적용해본 것이다.

기사에 의하면, 실손 담보 보험료는 3번 갱신하여 3배가 인상된다. 만일 실손 보험료가 금융감독원의 예상대로 갱신 시마다 30%씩 인상된다면, 3번 갱신 후에는 2.2배만 증가해야 한다. 그런데 실제로는 3배로 증가하였다. 어찌된 일인가?

이것은 실제 실비 보험료 인상폭이 금융감독원의 예상 시나리오보다 더 증가하였음을 의미한다. 금융감독원의 자료를 찾아보면 실손 보험료 인상률을 언급한 자료가 있다. 놀라지 마시라. 무려 44%가 증가하였다. 갱신 시마다 40%씩만 오른다고 가정하고 계산해보면 나중에는 얼마나 오를까. 가입 시 40세 남성은 8,194원을 내지만, 은퇴 시점인 61세에는 7만 3,000원, 70세에는 21만 8,000원, 80세에는 65만 1,300원을 내야 한다.

여러분은 이를 감당할 자신이 있는가. 실비보험의 갱신 폭탄은 째깍째깍 다가오고 있다.

# 실손보험으로 노후 준비가 될까?

건강보험의 보장률은 60%에 불과하다. 중병이라도 걸리게 되면 가계가 파탄 날 위험이 항상 도사리고 있다. 그 불안을 해소하기 위해 국민들이 많이 가입하는 것이 민간 의료보험이다. 특히 실손형 의료보험 가입자는 폭발적으로 증가하고 있다. 실손형 보험의 보장이 제한적이기는 하지만, 어쨌든 이 보험에 가입하면 어떤 병에 걸려도 다 보장이 될 것 같아 마음이 편해질 수 있다.

그러나 정작 문제는 실손형 보험을 평생 유지하는 것이 가능하겠느냐는 점이다. 나는 두 가지 이유에서 매우 비관적으로 본다.

첫째, 민간 의료보험은 개인 위험률에 따라 보험료를 부과하기 때문에 갱신 시마다 보험료가 급증한다. 30~40대의 경우, 실손형 보험료가 건강보험료보다 훨씬 저렴하게 느껴진다. 하지만 이것은 악마의 유혹에 다름 아니다. 갱신 시마다 보험료가 급증해 어느 순간 감당이 불가능할 정도로 올라가게 된다.

두 번째 이유는 급증한 보험료를 감당할 능력이 노인에게는 없다는 점이다. 일반적으로 정년퇴직은 55세에서 60세 사이에 이루어진다. 이때부터 소득이라고 해야 국민연금 정도가 전부다. 그조차 65세 이상부터 지급된다. 아니면 용돈 벌이를 하거나 자녀가 주는 용돈으로 살아야 한다. 그것도 안 되면 기초노령연금으로 노후를 연명해야 한다. 정년퇴직 이후 노후 소득은 급격히 줄어든다. 그런데 젊어서는 1만 원도 안 되던 실손보험료가 나이 드니 수십만 원으로 늘어난다. 앞에서 본 시뮬레이션 그대로이다.

다음 그래프를 보자.

**1만 명당 연간 300만 원 이상 고액 진료 환자수**

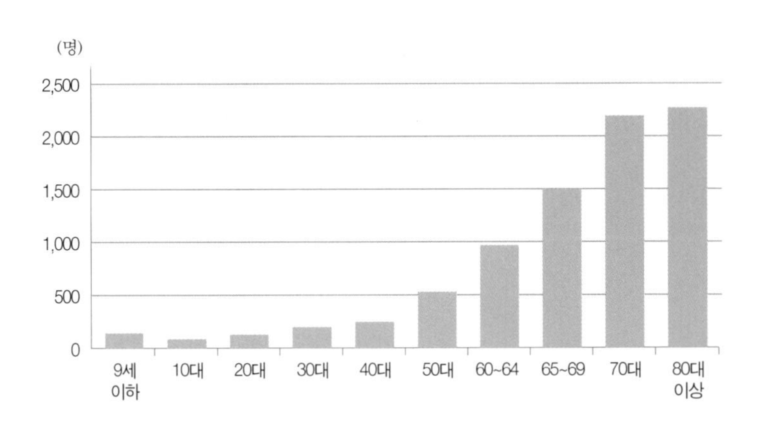


위 그래프는 300만 원 이상의 고액 진료가 나오는 환자들의 수를 나타낸 것이다. 30대의 경우 1만 명당 고액 진료는 불과 1~200명에 불과하다. 백

명당 한두 명이다. 그러나 60세 이상부터는 1,000~2,000명이 넘는다. 30~40대에 비해 10배 이상 급증한다. 연령이 증가할수록 의료비가 급증한다. 개인 위험률에 기초해 보험료를 책정하다 보니 연령에 따라 지속적으로 보험료가 급증할 수밖에 없다.

실비 보험의 보험료를 올리는 다른 요인이 있다. 실비 보험료의 증가를 보면, 건강보험 재정의 증가보다 훨씬 크다. 바로 가입자의 도덕적 해이 때문이다. 실비 보험에 가입한 경우, 의료 혜택을 보지 못하면 손해라는 생각이 들기 쉽다. 그러다보니 언젠가는 한번 크게 타먹으리라는 생각을 하기 마련이다. 병원에서 진료하다 보면 가벼운 질환이라 외래에서 충분히 치료가 가능한데도 불구하고, 입원을 해서 종합건강검진에 준하는 검사를 받게 해달라고 요구하는 경우가 있다. 이런 경우 나중에 꼭 진단서와 입원확인서를 떼어 달라고 한다. 우리나라처럼 환자가 원하면 언제든지 입원이 가능한 현실(외국보다 입원 병상이 2배 이상 과잉 공급되어 있기에 가능하다)에서 실비보험은 도덕적 해이를 부추기는 역할을 한다.

의사로서 이런 환자들을 비난할 수는 없다. 값비싼 민간 의료보험에 가입한 데 대한 혜택을 받고자 하는 경제적인 행위이기 때문이다. 하지만 '도덕적 해이' 임에는 틀림없다. 지금의 의료시스템에서 민간 의료보험은 환자의 도덕적 해이를 유발하는 핵심 요인이다.

이러니 실비보험료가 급격히 증가할 수밖에 없다. 이대로 가다가는 나중에 그야말로 보험료 폭탄이 돌아온다. 보험료가 오르면 그만큼 손해를 보지 않으려는 마음도 강해져서 도덕적 해이는 더 심해질 수밖에 없다.

민간 의료보험의 태생적 한계인 개인의 위험에 따른 보험료 부과, 과다한 사업비, 가입자의 도덕적 해이를 조장하는 구조가 함께 어우러져 급격한 보험료 상승을 유발하는 것이다. 이런 구조를 들여다보면 실비 보험이 우리의 든든한 노후 대비책이 되기 어렵다는 것을 알 수 있다. 수십만 원이나 되는 보험료를 노후에도 부담할 능력을 갖추고 있지 않는 한 말이다.

# 어린이보험의
# 허와 실

어느 부모든지 자식에 대한 사랑은 각별하다. 아이를 건강하고 훌륭하게 키우고 싶은 마음은 어느 부모나 마찬가지일 것이다. 나도 두 아이를 키우고 있는데, 아이들이 튼튼하게 잘 자라주기를 간절히 바란다.

아이에 대한 부모들의 지극한 사랑은 보험에서도 그대로 드러난다. 언젠가 아내가 아이들을 위해 어린이보험에 가입하자는 말을 꺼냈다. 민간보험에 대해 비판적 입장을 가진 나의 강경한 반대에 부딪혀 가입하지 못했지만, 이후에도 몇 차례 내 의중을 떠보곤 했다.

아내가 어린이보험에 관심을 갖는 논리는 간단했다. 다른 집은 모두 아이를 위한 보험에 하나씩 가입하고 있더라는 것이다. 다들 갖고 있는데 우리만 없으니 왠지 불안하다고 했다. 아내는 방송에서 투병 중인 아이들에 관한 안타까운 사연이 소개되면 눈시울을 붉힌다. 누구라도 그런 장면을 보노라면 만일의 경우를 대비해 아이를 위한 보험 하나쯤은 가입하는 것이 좋겠다는 생각을 하지 않을 수 없다. 그것이 모든 부모의 마음일 것이다.

보험회사는 이런 부모의 마음을 이용하여 보험을 판매한다. 어린이보험의 이름도 하나같이 '엄마맘', '아이사랑', '자녀사랑' 같은 식이다. 마치 어린이보험 하나쯤 가입하는 것이 아이를 사랑하는 고귀한 행위인 마냥 선전한다.

부모의 사랑을 이용한 상술 덕분에 어린이보험은 불티나게 팔리고 있다. 최근 조사에 의하면 보험가입률이 가장 높은 연령대가 바로 10세 미만이다. 2010년 실손의료보험과 암보험 가입률은 10세 미만에서 가장 높다. 암보험은 10세 미만이 75%로 가장 높고 다음이 30대, 40대 순이다. 실손보험도 63.7%로 가장 높다. 어린이보험은 가장 잘 팔리는 보험 상품이며, 보험사 입장에서는 효자 상품이다.

심지어 몇몇 지방정부 의회에서는 조례를 만들어 '신생아 민간의료보험 지원사업'을 벌이기도 하였다. 지방정부의 예산으로 암과 같은 중증 질환을 보장해주는 민간 의료보험에 가입시켜 준 것이다.

나는 이런 시도가 달갑지 않다. 더 훌륭한 방법이 있음에도 불구하고 우리 아이들의 건강을 민간 보험에 맡기려고 하는 행위이기 때문이다. 어린이를 위한다기보다는 보험회사를 위한 정책은 아닌가 의심스럽기까지 하다.

중증질환으로 고생하는 아이들을 위한다면, 얼마든지 건강보험이 해결해 줄 수 있다. 그런데 건강보험은 왜 이를 해결해주지 않느냐고 정부를 다그치는 국회의원이나 지방의원은 본 적이 없다. 또한 그와 관련된 정책을 고민하고, 법 개정을 추진하는 국회의원을 본 적도 없다.

다음은 민간 보험회사에서 흔하게 판매하고 있는 어린이보험의 예이다.

어린이에게 발생될 수 있는 많은 중병을 보장해주는 상품이다. 보통 어린이보험 하나로 실비보험, 암보험 등이 한꺼번에 보장되는 경우가 많다. 하지만 보험설계 방식을 보면 황당하기 그지없다.

우선 어린이에게 발생할 수 있는 중병을 보장하는 데 그리 많은 보험료가 들어가진 않는다. 왜냐하면 어린이에게 발생되는 중증질환의 발생률은 극히 낮기 때문이다. 예로, 소아암의 경우 10만 명당 발생률이 겨우 10~20명 내외에 불과하다. 지금은 출산률이 떨어져 1년에 대략 40만 명 정도가 태어난다. 한 연령대에서 40~80명 정도 암이 발생될 정도로 드물다. 선천적인 뇌혈관질환인 모야모야병의 발생률은 10만 명당 1~2명에 불과할 정도로 낮다. 다른 중증질환 역시 마찬가지이다. 주계약에 해당할 확률은 30년 동안이라고 해도 1% 남짓 될까 싶다.

발생 확률이 적다고 해서 그에 대한 치료를 무시하자는 말이 아니다. 중증질환을 치료할 수 있다면 비용이 수천만 원, 아니 1억 이상이 들어가더라도 치료를 해야 한다고 생각한다. 어린이의 중증질환은 확률이 적은 만큼 필요한 재원을 모두 쏟아 부어도 그리 많지 않다. 국민건강보험 재원으로 충분히 감당할 수 있다.

다시 어린이보험을 보자. 민간 의료보험 상품은 어린이에게 발생하는 모든 중증질환을 다 보장해주진 않는다. 약관에 나열된 질환만 보장한다.

소아에게 가장 흔한 것은 선천성 질환이다. 선천성 질환은 1만 명당 200명이 넘는다. 유전성 질환, 선천성 기형, 선천성 심장질환, 뇌성마비, 신경계 이상 등 셀 수 없이 많은 질환을 어린이보험으로 보장받을 수 없다.

어린이 중증질환은 매우 낮은 빈도로 발생하므로, 보험료가 아주 저렴

S생명의 어린이보험 예(30년 만기, 만기환급형)

| 구분 | 지급사유 | | 지급금액 | 보험료 |
|---|---|---|---|---|
| 주계약 | 피보험자(보험대상자)가 보험기간 중 암으로 진단확정 되었을 때 | | | 17,000원 |
| | | '고액암' 으로 진단 확정 시(각 1회 한) | 5,000만 원 | |
| | | '고액암' 이외의 암으로 진단 확정 시(각 1회 한) | 4,000만 원 | |
| | 경계성종양 또는 갑상선암 진단 확정 시(각 1회 한) | | 600만 원 | |
| | 기타피부암 또는 제자리암 진단 확정 시(각 1회 한) | | 200만 원 | |
| | 암으로 진단 확정 후 그 암을 직접 치료하기 위한 목적으로 4일 이상 계속 입원시 3일초과 1일당(1회 입원당 120일한도) | | 5만 원 | |
| | 경계성종양, 갑상선암, 기타피부암, 제자리암을 직접 치료하기 위한 목적으로 4일 이상 계속 입원시 3일 초과 1일당(1회 입원당 120일 한도) | | 2만 원 | |
| | 암으로 진단 확정 후 그 암을 직접 치료하기 위한 목적으로 통원 시(1회당) | | 1만 원 | |
| | 경계성종양, 갑상선암, 기타피부암 또는 제자리암을 직접 치료하기 위한 목적으로 통원하였을 때(1회당) | | 1만 원 | |
| | 말기신부전증 또는 재생불량성빈혈로 진단, 조혈모세포이식수술(조혈모세포공여자에 대한 수술은 제외), 5대장기이식수술(5대장기공여자에 대한 수술은 제외)(최초 1회 한) | | 3,000만 원 | |
| | '양성뇌종양' 으로 진단확정 시(1회 한) | | 1,000만 원 | |
| | '모야모야병' 으로 진단이 확정되고 그 모야모야병을 직접 치료하기 위한 목적으로 '모야모야병개두수술' 을 받았을 때(1회 한) | | 1,000만 원 | |
| | '중(重)화상' 으로 진단확정 되었을 때(1회 한) | | 1,000만 원 | |
| | 동일한 재해로 인하여 여러 신체부위의 장해지급률을 더하여 80% 이상인 장해상태가 되었을 때(10회) | | 매년 600만 원 | |
| | 동일한 재해로 인하여 여러 신체부위의 장해지급률을 더하여 50%이상 80% 미만인 장해상태가 되었을 때(10회) | | 매년 300만 원 | |
| | 재해로 인하여 장해지급률 3% 이상 100% 이하인 장해상태가 되었을 때 | | 60~2,000만 원 | |
| | '강력범죄' 피해자로 상해 후 1개월 초과하여 계속 치료 시(1회당) | | 100만 원 | |
| | 만 15세이후에 사망 시 | | 2,000만 원 | |
| | 만기생존 시 이미 납입한 주보험 보험료의 100% | | | |
| 선택계약 | 실손의료비보장특약(3년 갱신형.무배당)[종합입원형] | | | 16,370 |
| | 실손의료비보장특약(3년 갱신형.무배당)[종합통원형] | | | 2,910 |

하다. 주계약의 보장에 필요한 보험료는 1만 7,000원이 아니라 3,600원이면 충분하다. 주계약의 보험료가 1만 7,000원인 이유는 만기 환급형 저축 보험료를 포함하고 있기 때문이다. 3,600원이면 충분할 것을 '만기 생존 시 이미 납입한 주보험 보험료의 100%를 돌려받기 위해' 추가로 1만 3,400원의 보험료가 더 붙어 있는 것이다.

보험회사는 이렇게 보험 상품을 만기 환급형으로 만들어 보험료를 대폭 올리고, 그 보험료로 이자놀이를 하여 추가 수익을 거두는 것이다.

# 보험 가입보다 저축하는 것이 낫다

나는 현재 민간 보험이라고는 의무보험인 자동차 보험만 갖고 있다. 처음부터 보험에 가입하지 않은 것은 아니다. 지금까지 세 가지 보험에 가입했는데, 모두 해약했다. 보험에 대해 나름대로 공부한 뒤 차라리 은행에 저축하는 것이 훨씬 낫다고 판단했기 때문이다.

20대 후반에 잠시 보험설계사를 하던 누님의 권유로 월 12만 원씩 내는 종신보험에 가입했다. 이 보험은 12년 만에 해약했다. 사망 시 5천만 원을 보장해준다고 하는데, 평균수명까지 산다고 할 때 50년 후 5천만 원의 가치를 생각하니 차라리 해약하는 것이 낫겠다는 생각이 들었다. 총 납입 보험료의 70% 정도만 환급받았다.

레지던트 수련을 마친 후 연금보험과 변액보험에 가입했다. 병원에 취직한 후 연말세액공제를 한 푼이라도 더 받아야겠다는 생각에 연 240만 원까지 공제해주는 연금보험에 가입했다. 5년 만에 해약했다. 그간 공제받은 세금은 해약 시에 고스란히 토해냈다. 개인연금은 30년 후부터 확정된 금액으로 지급받는데, 국민연금과 달리 물가인상분이 반영되지 않는다. 그런데 30년 후에는 돈의 가치가 형편없다는 것을 알게 된 것이다. 애초에 세금 감면을 목적으로 가입한 터라 이후의 혜택에 대해서 꼼꼼히 따져보지 않은 것이 후회되었다. 차라리 세금을 더 내는 것이 떳떳하겠다 싶었다.

또 변액연금이 한창 인기이던 시절에 멋모르고 월 50만 원짜리 상품에 가입했다. 이후 변액연금의 문제점이 언론에서 쏟아져 나왔다. 속이 무척 쓰렸다. 주가가 가입 시보다 더 올랐고, 가입기간이 5년이 지났는데도 불구하고 해약 시 원금도 돌려받지 못했다. 5년 만에 원금대비 150만 원을 손해 보고 해약했다. 다시는 민간 보험이나 민간 의료보험에 가입하지 않기로 다짐했다.

나처럼 보험에 가입하고 난 후 해약한 경험이 많을 것이다. 민간 의료보험을 포함하여 어떤 보험에 가입하든지, 애써 번 돈 보험회사에 갖다 바치지 않으려면 꼼꼼하게 따져보아야 한다. 어떤 보험이든 추천하고 싶지 않지만, 그래도 꼭 가입하고 싶다면 향후 자신의 경제력으로 보험을 끝까지 유지할 수 있는지를 냉철하게 따져보아야 한다.

그렇다면 일반적으로 보험에 가입할 경우 어느 정도나 유지할까? 이에 관한 자료가 있다.

보험연구원의 연구보고서를 보면, 그나마 암보험이 종신보험이나 연금보험에 비해 보험 유지율이 좋다.

암보험은 가입 5년 후쯤 45%가 해약하는 것으로 드러났다. 종신보험이나 연금보험은 해약률이 더 심했다. 종신보험은 5년 후에 딱 절반만 보험을 유지하였고, 변액보험은 겨우 36%만 유지하였다.

왜 이렇게 유지율이 낮을까. 가장 큰 이유는 보험료에 대한 경제적 부담 때문이다. 실질소득은 정체인 반면에 지출은 늘어나게 되고, 그중 보험이 차지하는 비중이 커 부담으로 작용한다.

**보험종류별 경과년수별 누적 유지율 추정**

| 경과년도 | 1년 | 2년 | 3년 | 4년 | 5년 | 6년 | 7년 | 8년 | 9년 |
|---|---|---|---|---|---|---|---|---|---|
| 암보험 | 78.9 | 68.4 | 62.2 | 57.9 | 54.7 | 52.2 | 50.1 | 48.3 | 46.6 |
| 종신보험 | 79.7 | 66.3 | 59.7 | 54.8 | 50.9 | 47.4 | 44.7 | 42.4 | 40.0 |
| 변액연금 | 86.9 | 70.1 | 53.9 | 43.8 | 36.0 | - | - | - | - |
| 금리연동형 연금 | 83.6 | 68.0 | 55.3 | 46.8 | 39.6 | 33.7 | 30.0 | 25.7 | 23.8 |

보험 해약은 경제 위기 시에 증가한다. 1998년 IMF 위기 직후, 2003년 카드신용대란, 가장 최근엔 2008년 경제 위기 이후 보험 해약이 급증하였다고 한다. 경제 위기 시에는 보험가입자가 자발적으로 해약하는 경우도 있지만, 어쩔 수 없이 보험의 효력이 상실되는 경우도 많다. 보통 보험료가 2개월 이상 연체되면 보험 효력이 상실되므로 의지와 무관하게 해약이 된다.

또 현대의 직장인은 항상적인 고용 불안에 시달린다. 이미 우리나라의 비정규직 비율은 전체 노동자 중 49.2%에 이른다. 비정규직의 임금은 정규직의 56.4%에 불과하며, 평균 근속기간은 2년이 안 된다. 정규직이라고 해서 안정된 일자리 혜택을 누리는 것은 아니다. 정규직의 평균 근속기간은

77.3개월 정도이다. 4년도 안 돼 직장을 옮기는 것이다. 그러다 보니 안정된 수입이 보장되지 못하고, 보험료를 부담하기 어려워질 가능성이 크다.

보험을 해지하면 가입자에게 피해가 크다. 보통 보험을 해지하게 되면, 원금의 일부만 건질 수 있다. 특히 순수보장형 민간 의료보험의 해약환급금은 매우 적다. 아래의 예를 보자.

**해지환급금 예시**

단위 원

| 경과년도 | 1년 | 2년 | 3년 | 5년 | 7년 | 10년 |
|---|---|---|---|---|---|---|
| 납입보험료 누계 | 261,000 | 522,000 | 783,000 | 1,305,000 | 1,827,000 | 2,610,000 |
| 해지환급금 | 0 | 0 | 79,643 | 210,571 | 262,000 | 0 |
| 환급률 | 0% | 0% | 10.20% | 16.1% | 14.3% | 0% |

기준 가입금액: 주계약 2,500만원, 순수보장형, 최초계약, 남 40세, 10년만기, 전기월납

이 보험을 보면, 10년 만기 순수보장형의 경우 첫 2년 동안 해약하게 되면 한 푼도 돌려받지 못한다. 5년째에 해약하면 겨우 원금의 16%만 돌려받는다. 10년 만기를 채운 뒤 환급액은 없다. 만일 환급액이 높은 보험에 가입하려면 순수보장형 대신에 만기환급형에 가입해야 한다. 하지만 이 경우 앞에서 분석했듯이 보험료가 몇 배로 많아지고, 수십 년 후에 환급받기 때문에 물가인상 등을 고려하면 저축하는 것만도 못하다.

이렇게 환급액이 적은 이유는 보험 초기에 들어가는 신계약비와 사업비 때문이다. 사실 보험의 원리상 보험 초기에 해약할 경우에는 나중에 해약

하는 것보다 환급액이 높아야 하는 것이 정상이다. 암보험의 경우, 암발생률이 연령의 증가에 따라 급증하기 때문에 가입 초기보다 후기로 갈수록 암발생률이 높아진다. 10년 만기 암보험이라고 할 경우, 시간이 지남에 따라 보험료에 차등을 두지 않고 10년 동안 일정 금액을 내도록 하는 것은 10년 동안의 암발생률을 계산하여 평균 보험료를 산정하여 부과하기 때문이다. 그런데 사업비 중에서 신계약비는 초기에 집중적으로 부담한다. 그러다보니 첫 2년 동안에는 환급액이 전혀 없다. 이를 감안하더라도 환급액이 너무 적다.

이것이 보험가입자의 현실이다.

# 암 대비는 보험이 아니라 예방과 조기검진으로

암에 대해 누구든지 한번쯤 걱정을 해보았을 것이다. 요즘은 친척이나 지인이 암 진단을 받거나 암으로 사망했다는 소식을 흔히 접하게 된다. 국가암통계에 의하면, 남성의 경우 평생 발생률이 37%에 이르고, 여성도 30%가 넘는다. 사망 원인 1위 역시 암이라고 한다.

더욱이 암은 치료비가 가장 많이 들어가는 질병으로 적게는 수백만 원에서 많게는 수천만 원이 들어간다. 치료비 중 상당 부분을 건강보험이 보장해주는데도 그렇다.

암보험에 가입해 두는 것으로 암에 대한 걱정을 덜 수 있는 것도 아니다. 확률적으로 암 발생은 주로 고령층에서 발생되고, 그때는 보험료가 매우 비싸진다는 점을 고려하면, 암 걱정 이전에 보험료 부담을 먼저 걱정하지 않을 수 없다.

하지만 굳이 암보험에 가입하지 않더라도 암에 대한 기본적인 지식을

남성 암발생분률, 2009

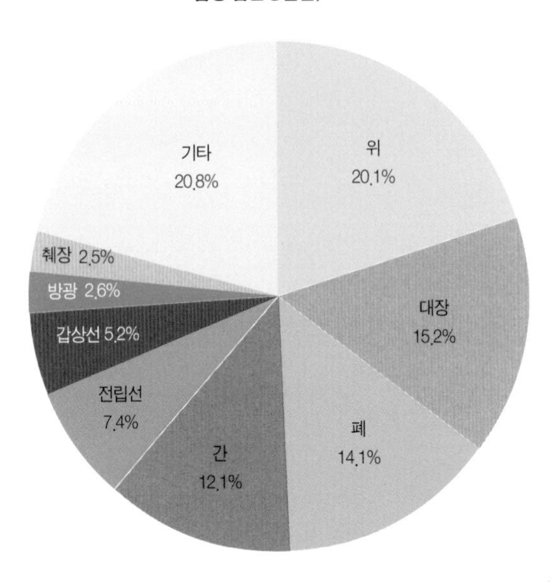


여성 암발생분률, 2009

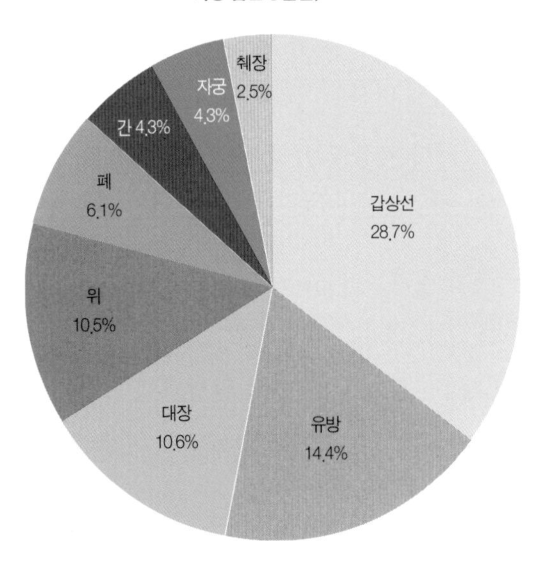

갖고 있다면 상당 부분 암을 예방하거나 조기에 발견하여 완치할 수 있다.

앞의 그림은 가장 흔한 암과 암으로 인한 사망 순위를 나타낸 것이다.

남성은 전체 암의 61.5%를 위, 폐, 대장, 간암이 차지한다. 이 중 폐암의 80%는 원인이 흡연이다. 흡연은 모든 암 발생의 20% 이상, 암 사망의 20% 이상의 원인으로 작용한다. 흡연은 폐암뿐 아니라 후두암, 구강암, 췌장암, 신장암, 방광암, 대장암, 위암 등의 원인으로도 작용한다. 담배를 끊기만 해도 암 발생과 사망의 20% 이상을 줄일 수 있다. 이것은 비흡연자의 경우 흡연자에 비해 암 발생률이 적어도 20% 이상 낮다는 것을 의미한다.

간암은 90% 이상이 B형, C형 바이러스 감염과 음주 등으로 인한 간경화가 원인이 된다. 최근 간암 발생은 줄어들고 있는데, 이는 B형간염에 대한 예방접종으로 바이러스 감염 환자가 감소된 때문인 것으로 추정된다. 바이러스 감염이 없고 알코올 중독 수준의 음주자가 아니라면 간암의 위험도 거의 없다고 할 수 있다.

금연에 과음하지 않고 바이러스 감염이 없다면, 암 발생 확률은 30% 이상 감소한다.

위암과 대장암은 비만, 식습관 등이 영향을 주는 것으로 알려져 있긴 하지만, 뚜렷하게 예방법이 있는 것은 아니다. 대신에 조기발견을 통해 얼마든지 해결이 가능하다. 40세 이상의 경우 위암은 2년마다, 대장암은 50세 이상부터 10년마다 검진을 권유한다. 위암은 국가검진으로 시행하는 정기적인 암 검진으로도 충분히 조기 발견할 수 있다. 조기암으로 진단할 경우 내시경적 절제술이나 위절제술로 90% 이상 완치가 가능하다.

대장암도 마찬가지이다. 안타깝게도 국가 암검진에서 대장내시경이 포함되어 있진 않지만, 50세 이상에서 10년마다 대장내시경을 하여 암의 원인이 되는 용종을 제거한다면 얼마든지 대장암으로의 진행을 막을 수 있다.

우리 어머니는 얼마 전 대장암 3기로 진단받아 1년에 걸쳐 암투병을 한 적이 있다. 의학계에서 권고한 대로 50세부터 대장내시경을 받았다면 얼마든지 조기에 발견하여 완치하거나 예방할 수 있었을 것이다. 자식이 의사인데도 미리 챙겨드리지 못한 것을 땅을 치며 후회했고, 검진의 중요성을 절실히 느끼게 된 계기가 되기도 했다.

이처럼 가장 흔한 4종의 암은 예방과 정기검진만 잘 해도 얼마든지 예방할 수 있다.

여성의 경우도 마찬가지이다. 유방암, 위암, 자궁경부암은 현재 국가에서 정기적으로 암검진을 시행하고 있는 항목이다. 폐암, 간암의 원인은 남성과 동일하다.

예외는 갑상선암이다. 의학계에서는 갑상선암에 대해서는 조기검진을 권장하지 않는다. 사실 갑상선암의 발생률은 높지만 사망률에 기여하는 정도는 아주 미미하다. 흔한 암일수록 암 사망에 기여하는 정도가 높은데, 갑상선암은 예외다. 그만큼 갑상선암은 다른 암과는 다른 특성을 가지고 있다. 어떤 연구에 의하면 갑상선암은 발생이 증가한 것이 아니라, 단지 발견하지 않아도 될 것을 초음파를 통해 많이 발견하였기 때문이라고 설명하기도 한다.

이렇듯 갑상선암을 제외하면 남성과 마찬가지로 기본적인 예방과 조기검진으로 얼마든지 암에 대한 걱정을 덜 수 있다. 암은 조기에 발견할수록 치료비도 적게 들어간다는 점을 고려하면 더욱 그렇다.

따라서 암에 대한 대비는 예방과 조기발견이 중요하며, 치료비는 값비싼 암보험이 아니라 건강보험의 보장을 높여 해결하는 것이 좋다.

# 2장

# 아무도 말해주지 않는 보험회사의 꼼수

# 보험료 구성을 알면 보험이 보인다

보험과 관련한 뉴스나 신문기사를 보면 어려운 용어가 참 많이 나온다. 자동차보험 손해율이 70%를 넘어서 보험료 인상이 불가피하다는 뉴스를 접했다고 하자. 정확히 무슨 의미인지는 모르지만 보험회사도 남겨먹는 게 있어야 하니 인상할 만도 하겠다 싶다.

암보험 손해율이 100%를 넘어서 암보험 상품이 판매 중지된다는 기사도 몇 번 보았을 것이다. 아니 손해율이 100%가 넘었다면 보험회사는 땅 파서 장사를 했다는 건가? 보험설계사들은 손해율이 100%가 넘어 곧 보험료가 오를 예정이니 오르기 전에 얼른 가입해야 한다고 종용한다.

여기서 자동차보험의 손해율과 암보험의 손해율은 전혀 다른 의미라는 것을 알기란 쉽지 않다. 그러나 보험료의 구조를 알면 이런 혼란을 피할 수 있다. 이해하기 어렵더라도 공부를 좀 해보자.

보험료의 구조를 보면 가입자가 내는 보험료(영업보험료 혹은 원수보험료

**보험료 구성 체계**

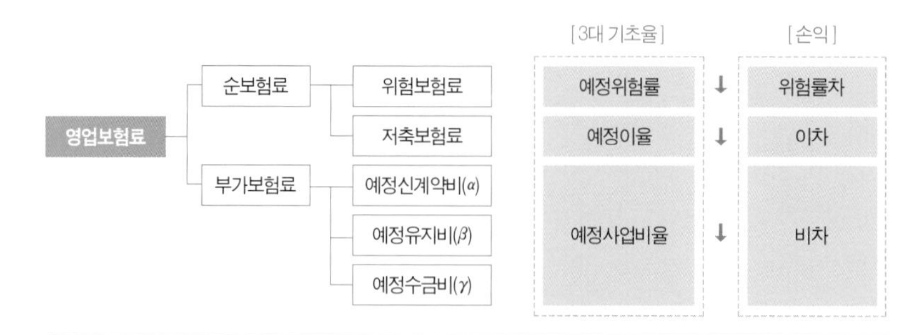


- 위험보험료 : 사망보험금 / 입원 / 수술 / 장해 급여금 등의 지급재원이 되는 보험료
- 저축보험료 : 만기 보험금 / 중도급부금의 지급 재원이 되는 보험료
- 예정신계약비 : 신계약 체결에 필요한 제 경비(설계사 수당 / 진단비 / 인쇄비 / 전산비 / 판촉비 등)
- 예정유지비 : 회사 및 계약 유지 등에 필요한 제 경비(인건비 / 임차비 등)
- 예정수금비 : 보험료 수금에 필요한 제 경비(자동이체 수수료 등)

(생명보험사 홈페이지에서 인용)

라고도 함)는 순보험료와 부가보험료로 구성된다. 순보험료는 영업보험료 중에서 가입자에게 되돌려줄 것으로 기대되는 보험료를 나타낸다. 부가보험료란 보험회사 운영에 필요한 사업비라고 할 수 있다. 순보험료는 다시 위험보험료와 저축보험료로 구성된다. 위험보험료란 보험금 지급이 이루어지는 재원이 되는 보험료를 말하며, 저축보험료란 만기환급금이나 중도해약금의 지급을 위한 보험료이다. 사업비인 부가보험료는 보험설계사 계약비, 광고비, 회사 운영에 필요한 제 경비 등을 말한다.

앞에서 설명한 암보험을 예로 들어보자. 암보험 가입자가 암이 발생하여 보험금을 청구하였다고 하자. 보험회사는 암이 발생될 것으로 예상되는 만큼을 영업보험료 중 떼어내 위험보험료로 적립해 놓는다. 암보험금의 지급은 이 위험보험료에서 지급한다. 또 암보험 가입자가 중도에 해약할 수도 있는데, 해약금 지급을 위해 따로 일부를 적립해 놓는다. 이를 저축성 보험료라고 한다. 중도해약금이 적은 이유는 거둬들인 보험료 중에서 사업비와 위험보험료가 아닌 저축성 보험료에서 해약금이 지급되기 때문이다. 순수 보장형 암보험의 경우, 보험 가입기간 초기에는 위험률이 낮다가 후반으로 갈수록 올라가는데 반해 보험료는 고정적으로 일정 금액을 거둬들인다. 그래서 보험 가입기간 초기에는 위험보험료의 일부를 저축성 보험으로 적립하며, 후반부에는 저축성 보험을 다시 위험보험료로 전환한다. 그래서 만기가 되면 저축성 보험료는 '0' 원이 되고 만기환급금도 없다.

그렇다면 보험회사는 어떻게 이익을 남길까? 보험회사가 이익을 남기는 방법은 세 가지가 있다. 첫째는 위험률차. 보험금으로 지급될 것으로 예상된 위험보험료 중 덜 지급되고 남은 차익만큼 이익이 난다. 암보험의 손해율이 100%가 넘었다는 것은 바로 이런 의미다. 이를 위험손해율이라고 하는데, 위험보험료 중에서 실제 얼마가 지급되었는지를 나타낸다.

둘째, 이자에서 남긴다. 보험료 구성 중 저축성 보험료는 적립만 해놓는 것이 아니다. 보험회사는 이것으로 은행에 저축하거나, 채권 · 주식 등에 투자한다. 거기에서 이자수익과 투자수익을 남긴다.

셋째, 사업비에서 남긴다. 보험사들은 보험료에서 일정 금액을 무조건 사업비로 뗀다. 이렇게 뗀 사업비가 실제 사업비로 모두 지출되지는 않고 일부가 남는다. 그 차익은 고스란히 이익이 된다.

민간 의료보험을 포함한 대부분의 보장성 보험 상품은 위와 같은 구성으로 보험 상품을 개발한다. 만일 내가 내고 있는 암보험의 보험료 중 위험

보험료의 비율을 알 수 있다면 보험 상품의 예측 지급률이 어느 정도인지를 계산할 수 있다. 그러나 보험회사는 보험 상품을 설계할 때 영업보험료 중 순보험료나 위험보험료를 어느 정도 비율로 책정하는지는 공개하지 않는다. 영업 비밀에 해당한다는 것이다.

그것이 영업 비밀에 해당한다는 것이 십분 이해가 된다. 암보험의 지급률이 40% 정도밖에 되지 않는다는 것을 어떻게 밝힐 수가 있겠는가. 누구도 용납하지 못할 것이기 때문이다.

## 손해율이 100%를 넘으면 보험회사가 손해를 볼까?

암보험의 손해율이 100%가 넘었다는 내용이 종종 기사에 나온다. 우리나라 언론이 보험에 대해 잘 몰라서인지, 아니면 보험회사 편을 들어주려는 것인지 모르겠지만, 손해율이라는 개념을 혼용하여 쓴다. 그래서 국민들은 암보험으로 보험회사들이 무척 손해를 보는 모양이라고 의심 없이 받아들인다. 이런 기사들이 쏟아지고 나면 당연하다는 듯이 보험료가 인상되곤 한다.

다음 페이지에 나오는 기사를 보자. 암보험 손해율이 높아져 암보험 상품이 사라지고 있다는 과장된 기사이다. 기사를 읽다보면 곧 암보험 상품이 모두 사라질 것 같고 마치 보험회사가 암보험 상품 판매로 인해 상당한 손실을 입고 있는 것처럼 보인다. 과연 그럴까? 그렇게 손해를 본다는 암보험은 지금도 홈쇼핑이나 라디오, 신문 광고에서 쉽게 눈에 띈다. 매일매일 들려오는 보험 광고 문구가 유행어가 될 정도로 흔하게 접할 수 있다.

…… 하지만 한국인에게 필수인 암보험이 점점 사라지고 있다. 그 이유가 무엇일까? 아이러니하게도 한국인에게 가장 필요한 보험이기 때문이다. 보통 상품이 사라진다면 수요가 없기 때문이지만 보험의 경우는 다르다. 소비자의 이득은 곧 보험사의 손해이다. 높은 발병률로 보험금 지급이 너무 많아졌기 때문이다. 보험개발원 자료에 따르면 암보험 손해율이 약 120%를 넘는다. 암 조기 발견률이 높아지고 암 치료율도 높아지면서 보험료보다 보험금이 많아지게 됐고, 보험사들은 높은 손해율 때문에 보험지급금이 너무 많다 보니 손해를 감당할 수 없게 되자 보장 축소나 판매 중지를 결정한 것이다. ……

〈머니투데이 기사 중 일부. 1인 1암보험 시대, 가입 시 주의할 것은?〉

보험회사들이 손해를 보면서도 암보험을 팔아 국민 건강에 기여하기로 작정이라도 했단 말인가.

이제부터 보험료 구성 체계를 알아보자. 그러면 보험회사가 쓰는 손해율이나 지급률의 개념을 알 수 있다.

지급률(혹은 손해율) = 실제 지급된 보험금/영업보험료

(위험)손해율 = 실제 지급된 위험보험료/적립된 위험보험료

위 기사에서 말하는 손해율은 가입자가 낸 영업보험료에서 지급된 보험금이 아니다. 이때 손해율은 분모가 영업보험료가 아니라 위험보험료이다. 즉 보험료 구성 중 사업비를 떼고 남은, 가입자에게 지급할 몫으로 책

정한 위험보험료에서 실제 얼마가 지급되었는지를 의미하는 (위험)손해율이다. 혼동을 막기 위해서는 위험손해율이라고 해야 하지만, 위험손해율을 그냥 손해율로 사용하다 보니 이런 혼란이 발생하는 것이다.

기사에서 암보험 손해율이 100%를 넘었다고 할 것이 아니라 암보험의 위험손해율 혹은 담보손해율이 100%를 넘었다고 표현하는 것이 맞다. 그러나 보험회사나 언론은 정확한 용어를 사용하지 않는다. 때문에 가입자가 낸 보험료보다 더 많이 지급된 것처럼 오해하기 쉽다.

어찌되었든 손해율이 100%를 넘었으니 보험회사가 손해를 본 것일까? 내 생각은 다르다. 위험손해율이 100%를 넘었다는 것이 보험회사가 손해를 봤다는 근거가 되진 않는다. 사실 보험회사는 위험보험료 외에도 저축보험료를 투자하여 투자수익을 거두고, 또 사업비를 통해서도 이익을 남긴다. 그러므로 보험회사가 보험 상품으로 인해 손해를 보고 있다고 주장하려면 위험보험료 대비 손해율이 100%가 넘었다는 근거가 아니라 전체 보험료에서 사업비와 지급된 위험보험료가 차지하는 비중이 얼마인지를 제시해야 한다. 그리고 그것이 왜 손해인지를 밝혀야 한다. 그러나 사업비는 항상 영업 비밀이므로 언급하지 않는다.

보험회사의 전체적인 위험손해율이 어느 정도 되는지를 보자. 다음에 나오는 자료는 손해보험 중 민간 의료보험을 주 대상으로 판매하는 장기손해보험의 보험별 위험손해율을 보여주는 표이다. 암보험의 위험손해율을 나타내는 암관련 질병의 손해율을 보면 100%가 넘어선 것을 알 수 있다. 또한 실손의료비의 위험손해율도 100%가 넘은 것을 알 수 있다. 이것만 보면 보험회사가 손해를 본 것이라 할 수도 있겠다. 하지만 암보험을 포함한 전체 질병의 위험손해율 평균은 80%에 불과하다. 민간 보험회사들이 판매하는 민간 의료보험 중 암보험과 실손형 보험의 위험손해율이 100%를 넘은 것이지 질병보험을 포함한 전체 위험손해율은 여전히 상당한 수익을 남기고 있다. 이는 보험회사가 판매한 민간 의료보험 상품 중 암보험과 같은 일부 상품을 제외하면 전체적으로는 위험보험료 중 80%만 지급되었음을 의미한다. 책정된 위험보험료 중 무려 20%나 지급되지 않아 고스란히 보험회사가 이익으로 가져간 것이다. 이것은 보험료 설계 시에 위험보험료가 높게 책정되었음을 의미한다. 이는 고객이 내는 보험료가 그만큼 비싸게 책정되었다는 것이고, 오히려 보험료를 인하해야 할 근거에 불

**장기손해보험의 손해율**

단위 %

| 구분 | | 2006 | 2007 | 2008 |
|---|---|---|---|---|
| 상해 | | 56.6 | 56.5 | 54.0 |
| 질병 | | 89.7 | 91.8 | 91.9 |
| | 전체질병 | 77.1 | 75.3 | 71.5 |
| | 암관련질병 | 106.6 | 110.8 | 119.5 |
| | 특정질병 | 78.6 | 90.6 | 91.0 |
| 상해 및 질병 | | 98.9 | 85.0 | 83.0 |
| 비용손해 | | 92.4 | 96.8 | 106.1 |
| | 실손의료비 | 109.7 | 109.4 | 121.2 |
| 재물손해 | | 54.5 | 55.6 | 45.8 |
| 배상책임손해 | | 74.5 | 76.5 | 86.3 |
| 합계 | | 75.7 | 78.5 | 81.2 |

〈장기손해보험의 암담보 리스크 대응방안〉

과하다고 본다.

그런데 보험회사는 일부 위험손해율이 100%를 넘어섰다고 주장하며, 보험료를 인상해야 하는 근거로 활용할 뿐, 전체 위험손해율이 80% 정도 밖에 되지 않아 남는 장사를 했다는 데 대해서는 함구한다. 많이 남는 장사를 한 것에 대해서는 입을 다문 채, 일부 손해율이 높은 것만 언급하며 못 살겠다고 엄살을 떤다. 그래서 보험료를 올려야 한다고 야단이다. 이를 감독하고 규제해야 할 금융감독원은 도대체 무얼 하고 있는지 모르겠다.

## 갑상선암이 급증한 이유

그렇다면 왜 암보험 위험손해율이 100%를 넘어선 걸까? 그 이유를 살펴보자. 2000년까지만 하더라도 암보험은 보험회사의 효자 상품이었다. 암보험을 많이 팔수록 이익이 많이 남았다. 위험손해율이 고작 80% 남짓에 불과했다. 그런데 암보험의 위험손해율이 2001년부터 급격하게 증가하게 된다. 도대체 무슨 일이 있었던 것일까.

핵심적인 이유는 국가 차원에서 적극적으로 암을 조기 발견하기 위한 사업을 시작했기 때문이다. 2000년 이후에 국민건강보험공단의 건강검진과 종합검진이 급격하게 증가한다. 건강에 대한 관심이 커진 데다 조기에 발견하여 치료하는 것이 좋다는 인식이 확산되었다. 그러다보니 건강검진을 받는 경우가 많아졌다. 전체적인 암발생률도 증가하였다.

건강검진의 확대로 암보험에 가입한 사람들 중 암 진단을 받은 사람이 늘었다. 이들은 수천만 원의 암 진단 보험금을 지급받았다. 암 중에서 간

**암 진단 급부의 손해율 추이(손해보험사)**

단위 %

| 연도 | 1997 | 1998 | 1999 | 2000 | 2001 |
|---|---|---|---|---|---|
| 손해율(손해액/위험보험료) | 46 | 84 | 88 | 80 | 113 |

단한 검사로 쉽게 발견될 수 있는 암의 증가율이 컸다. 대표적으로 갑상선암이 그렇다. 갑상선암의 경우 검사 방법이 손쉽고 비용도 그리 많이 소요되지 않아 갑상선 초음파 검사가 급격하게 증가하였다. 그 결과 갑상선암에 대한 진단률이 높아졌다.

갑상선암은 암보험에 가입한 20~40대 젊은 여성층에서 급격하게 증가하였다. 그 결과 갑상선암은 여성 암 발생 1위로 26.4%를 차지한다. 여성에서 갑상선암은 매년 25% 내외의 증가율을 보인다. 보험회사의 자료를 보면 암보험금을 청구한 전체 여성 암환자 중 무려 42%가 갑상선암이었다. 암발생률을 주도한 갑상선암을 제외하면 사실 암발생률의 증가는 미미한 수준이다.

갑상선암의 급증으로 인해 보험회사들의 위험손해율이 급격하게 증가하자, 2006년 암보험 판매를 일시 중단한다. 물론 완전히 중단된 것은 아니다. 몇몇 보험회사는 암보험을 주 계약이 아닌 특약으로 돌리고, 3~5년으로 갱신주기를 짧게 해서 갱신 시 보험료를 올림으로써 손해율 증가를 만회하고자 하였다.

2007년 이후 암보험 상품이 주 계약 형태로 다시 등장하게 된다. 그런데 몇 가지 큰 변화를 보이게 된다. 보험료는 대폭 올린 대신에 보장은 축소하였다. 특히 암발생률 증가의 원인이 된 갑상선암의 보험금 지급을 일반 암의 10~20%로 대폭 축소한 것이다.

한때 갑상선암의 증가를 두고 이러저러한 원인 분석이 제기된 바 있다. 환경운동을 벌이는 한 시민단체는 한국에서 갑상선암이 급증하고 있는 원인이 1986년에 발생한 체르노빌 원자력발전소 폭발사고로 인한 방사성 낙진 때문일 수 있다는 주장을 제기하였다. 물론 원전사고로 인한 방사선 낙진과 갑상선암의 발생 간에는 인과관계가 증명되었다. 체르노빌 주변 국가에서 원전사고 이후 갑상선암이 급증하고 있다고 세계보건기구(WHO)가 밝힌 바 있다. 체르노빌 원전사고로 인해 당시 한반도도 방사성 낙진에 노출되었다는 것은 틀림없는 사실이다.

하지만 최근의 갑상선암 급증이 체르노빌 사건 때문이라고 설명하기 어려운 측면이 있다. 첫째, 체르노빌 원전사고 이후 주변국에서 급증한 갑상선암은 주로 17세 미만에 집중되었다. 소아에 집중된 이유는 방사성 물질에 오염된 물이나 우유 때문인 것으로 알려져 있다. 그런데 우리나라의 경우는 30~40대 성인에서 집중적으로 발생하고 있다. 한국에서 소아가 아닌 성인에서 집중적으로 증가하는 이유를 설명할 만한 연결고리가 약하다.

둘째, 원전사고로 인한 방사성 노출과 암 발생 간의 시간적 차이가 크다. 체르노빌 주변 국가에서의 갑상선암 발생은 주로 원전사고 직후인 1990년~2000년에 집중적으로 보고되었다. 물론 최근 지속적으로 갑상선암이 발생되는 양상을 보이고 있긴 하다. 하지만 한국에서 갑상선암의 급증은 최근의 일이다. 따라서 노출 시간과 발생 시기 간에 간격이 있다.

세 번째, 방사성 노출의 양과 암 발생률과의 상관성이 약하다. 당시에 한

반도가 방사성 물질에 노출되긴 하였지만, 현재 한국에서의 갑상선암의 급증을 설명하긴 어렵다. 현재 한국의 갑상선암 발생률은 전 세계에서 가장 높다. 따라서 체르노빌 원전사고와 갑상선암의 상관성을 완전히 부정하긴 어렵지만, 그것으로 갑상선암의 급증을 설명하는 것은 타당하지 않아 보인다.

그럼, 이유가 무얼까? 미국의 연구에 의하면 최근에 발견되는 갑상선암은 대부분이 2cm 크기 미만이다. 반면 2cm 이상인 경우 갑상선암의 증가 경향이 거의 나타나지 않았다. 2cm 이상이 되면 환자나 의사가 갑상선을 촉지하여 만질 수 있다. 하지만 2cm 미만인 경우에는 초음파를 해야 발견할 수 있다.

또 하나 의미 있는 자료는 갑상선의 사망률 관련 자료이다. 미국에서 갑상선암의 발생이 급증함에도 불구하고, 갑상선암으로 인한 사망률은 변동이 없었다. 발생률이 올라가면 사망률도 올라가는 것이 보통인데 그렇지 않은 것이다. 이를 근거로 연구자는 미국에서 갑상선암은 발생이 증가하는 것이 아니라, 단지 발견이 증가한 때문이라고 설명하였다.

이런 특성은 우리나라에서도 그대로 드러난다. 암발생률 자료에 의하면 2000년 갑상선암의 발생률은 10만 명당 8명에서 2007년 43명으로 급증하였다. 반면에 그 사이 갑상선암의 사망률은 거의 변화가 없었다. 갑상선암이 암 사망률에 기여하는 정도는 무시해도 될 만큼 미미하다. 한국에서나 미국에서나 굳이 발견하지 않아도 될 암을 발견한 것이다.

나는 갑상선암이 폭발적으로 급증하게 된 이유를 암보험의 효과 때문이라고 본다. 갑상선암은 초음파를 통해 쉽게 발견할 수 있다. 다른 원인으로 사망한 경우 갑상선조직을 검사하면 10~20% 내외에서 갑상선암이 발견되었다는 연구도 있다. 그만큼 갑상선암은 흔하다. 크기가 작은 경우에는 발견할 필요조차 없는 셈이다.

암이 발생할 경우 수천만 원의 보상금을 지급받을 수 있으니 많은 보험가입자가 병원을 방문하여 갑상선 검사를 받았을 것이다.

또한 한국에 안착된 국가 건강검진제도가 큰 역할을 하였을 것이다. 갑상선암은 건강검진 대상에 포함되어 있지 않지만 많은 기업이 사원의 복리후생 차원에서 추가적인 검진비를 지원하고 있어 갑상선암 검사가 일상적으로 이루어지고 있다. 게다가 병원마다 경쟁적으로 시행하고 있는 개인 대상의 종합건강검진 프로그램도 적지 않은 역할을 하고 있다.

갑상선암의 급증으로 인해 암보험의 위험손해율 증가를 경험한 보험회사는 이미 충분한 대비책을 만들었다. 보험료 인상과 함께, 갑상선암에 대한 보험금을 대폭 축소하였다. 향후 암보험의 위험손해율은 다시 하락할 것이다. 지금 보험회사가 암보험 마케팅에 열을 올리고 있는 것을 보면 알 수 있다.

# 베일에 가려진 사업비, 그 실체를 벗긴다

내가 내고 있는 보험료 중 보험회사의 몫은 어느 정도일까? 매달 꼬박꼬박 통장에서 빠져나가는 의료보험료를 보노라면 누구나 한번쯤 이런 의문을 가져보았을 것이다. 하지만 속 시원하게 알려주는 보험회사는 없다. 보험료 중 사업비가 얼마이고, 그중 보험금으로 돌려줄 위험보험료가 얼마인지를 사전에 알 수 있다면, 얼마나 좋을까. 하지만 보험료에서 차지하는 사업비는 베일에 가려져 있다.

가입자가 부담하는 보험료에서 가입자에게 돌아올 몫은 얼마인지, 보험회사가 가져가는 몫이 얼마인지를 아는 것은 중요하다. 보험료로 매월 몇만 원씩 내는 돈이 많게 느껴지지 않을 수 있지만 보험 상품을 구매하기 위해 지불해야 하는 총 보험료는 보통 수백만 원이다. 월 3만 원씩 10년간 부담한다면, 총 보험료는 360만 원이나 된다. 이런 값비싼 상품을 사는데, 내 몫은 어느 정도이고 보험회사의 몫은 얼마인지 공개되어야 한다. 뒤에서 자세히 언급하겠지만 미국은 민간 의료보험의 지급률이 최소한 80~85%가 되도록 규제하고 있다. 이에 못 미치면 가입자에게 돌려줘야 한다. 즉, 보험료 중 보험회사의 몫이 최대 20%가 넘지 않도록 하고 있는 것이다.

그에 반해 우리는 보험회사가 공개하는 지급률조차 부풀려져 있을 뿐만 아니라, 개별 상품에서 보험회사의 몫은 베일에 가려져 있다. 보험가입자가 가입하려는 보험 상품의 보험료 구성 내역을 사전에 알고 가입할 수 있다면 얼마나 좋을까.

알 수 있는 방법이 있다. 현행법상 보험 상품 설계도에 해당하는 자료를 상품 출시 전에 금융감독원에 제출하여 허가를 받도록 규정되어 있다. 바로 상품의 보험료 및 책임준비금을 어떻게 산출하였는지에 관한 산출 방법서다.

다음은 한 생명보험회사의 10년 만기 순수보장형 CI보험(암, 뇌졸중, 심근경색증을 보장해주는 보험)의 보험료 및 책임준비금 산출 방법서이다. 이 자료는 조승수 의원실이 금융감독원에 요청하여 어렵게 얻은 자료이다.

이 자료는 사업비가 어떻게 구성되고 책정되어 있는지를 보여준다. 사업비(부가보험료)는 신계약비, 유지비, 수금비로 나뉜다는 것을 상기하자.

여기서 신계약비는 보험 계약을 체결하기 위해 소요된 경비로 보험설계사 수당이나 광고·판촉비를 말한다. 유지비란 보험회사 운영비로 직원 인건비 등 제반 운영에 소요되는 비용이다. 수금비는 자동이체 수수료 등 보험 수금에 필요한 제 경비를 말한다.

이 보험 상품의 사업비 구성을 보자. 먼저 신계약비 중 가입자가 10개월 이상 계약을 유지할 경우 900%를 신계약비로 뗀다. 가입자가 첫 1년간 낸

**A생명보험회사의 CI보험에 대한 예정사업비율에 관한 사항**

| 구분 | | 기준 | | 예정사업비율 | |
|---|---|---|---|---|---|
| | | | | 최초 | 갱신 |
| 신계약비 | ($\alpha$) | 초회월납영업보험료 | n≤9 | - | - |
| | | | n=10 | 900% | 720% |
| 유지비 | ($\beta$1) | 납입중 매년 1구좌 | | 40원 | |
| | ($\beta$2) | 납입중 영업보험료 | | 28.8% | |
| 수금비 | ($\gamma$) | 납입중 영업보험료 | | 3.5% | |

〈보험료 및 책임준비금 산출방법서. 조승수 의원실〉

n=보험기간, 1구좌=암진단급여금 100,000원을 기준으로 함.

12개월어치 보험료 중 9개월어치는 신계약비다. 가입한 지 1년 만에 해약하면 해약환급액이 거의 없는 이유가 바로 여기에 있다. 1년 치 보험료 중 9개월분은 사업비로 뗀다.

유지비 명목으로는 보험료의 28%와 1구좌 당 40원(이 보험은 암 진단 시 5천만 원을 지급해주므로 500구좌로 매년 2만 원씩 해당됨)씩 뗀다. 또한 수금비로 3.5%를 뗀다.

이 상품의 총 사업비는 전체 보험료 중 얼마나 될까. 우선 보험료에서 매번 떼는 유지비($\beta$2)와 수금비($\gamma$)를 합하면 31.5%이다. 신계약비는 9개월분에 해당되므로, 7.5%(9개월/120개월)에 해당한다. 여기에 유지비($\beta$1)로 매년 2만 원이 추가된다. 이 상품의 월 보험료는 4만 1,750원으로 ($\beta$1)은 4%(2만 원/(41,750*12개월))라 할 수 있다. 이를 모두 합치면 31.5%+7.5%+4%=43%이다. 즉, 보험회사는 이 상품을 판매해서 수입보험료의 43%를 사업비로 책정한다는 것을 알 수가 있다.

그렇다면 나머지 57%는 순보험료로 가입자의 몫일까? 그렇지 않다. 보험료 구성에서 언급하였듯이 보험회사는 사업비만으로 수익을 내지는 않는다. 위험보험료의 손해율을 줄여서 수익을 내고, 저축보험료에서도 돈을 굴려 수익을 낸다. 질병보험의 경우 위험손해율은 대략 80%쯤 된다. 이를 가정할 경우 실제 이 상품을 구매한 소비자가 기대할 수 있는 지급률은 대략 45%(80%×57%) 정도라 할 수 있다. 만일 위험손해율이 더 하락하게 되면, 지급률은 더 떨어질 것이다. 이것을 보더라도 내가 분석한 암보험 지급률 계산이 틀리지 않았음을 알 수 있다.

그러면 보험회사 전체의 사업비는 어느 정도일까. 이는 금융감독원의 금융통계월보에서 알 수 있다. 이 자료에 의하면 생명보험회사의 사업비 규모는 대략 25% 내외인 것을 알 수 있다. 손해보험사의 경우도 대략 20%

**생명보험사의 손익계산서**

단위 억 원

| | 보험료수익(A) | 지급보험금(B) | 사업비(C) (신계약비 상각비 포함) | 사업비 비중(C/A) |
|---|---|---|---|---|
| 2005년 | 47,780 | 30,409 | 11,661 | 24.4 |
| 2006년 | 49,610 | 28,082 | 12,589 | 25.4 |
| 2007년 | 51,685 | 34,439 | 14,512 | 28.0 |
| 2008년 | 51,232 | 35,540 | 14,360 | 28.0 |
| 2009년 | 53,359 | 31,652 | 13,436 | 25.2 |
| 2010년 | 57,147 | 30,946 | 14,102 | 24.7 |

〈금융통계월보, 2011〉

내외의 사업비를 지출하고 있다. 2010년도 회계기준으로 볼 때 생명보험회사는 14조, 손해보험사는 10조를 사업비로 지출하고 있다. 둘이 합쳐 모두 24조 원을 사업비로 지출하고 있다.

24조 원이면 어느 정도나 되는지 국민건강보험과 비교해보자. 2010년 국민건강보험 재정수입은 33조였고 사업비는 1.1조가 조금 넘었다. 대략 3% 정도만 관리운영비로 지출된 셈이다. 나머지는 모두 가입자를 위해 쓰였다. 민간 보험회사의 2010년 총 보험료 수입은 110조(특별계정 제외)였고, 그중 24조를 사업비로 썼다. 보험료 수입은 3~4배 차이에 불과하지만, 사업비 지출은 20배가 넘는다. 이것은 국민건강보험보다 민간보험사가 그만큼 비효율적임을 의미한다.

# 내 건강과 노후를 어떤 기업이 보장해줄까

2010년 우리나라 국민 한 사람당 278만 원을 보험회사에 보험료로 냈다. 이것은 종신/연금/저축/의료 등 모든 형태의 보험으로 부담하는 보험료의 총합이다. 4인 가구라면, 1년에 1천만 원이 넘는 엄청난 규모이다. 2010년 기준으로 생명보험업계는 총 84조, 손해보험업계는 52조의 보험료 수입을 거두어들였다. 합이 136조로 GDP의 12%에 해당한다.

민영 보험은 크게 생명보험사와 손해보험사로 나누어진다. 생명보험회사는 생존, 사망, 연금, 질병, 상해, 교육에 대한 보험 상품을 판매하고 있으며, 손해보험은 일반 손해보험, 자동차보험, 장기손해보험, 개인연금, 퇴직보험 등에 대한 보험 상품을 판매하고 있다.

보험은 예측 불가능한 위험에 대비하기 위한 한 방법이다. 이를 위해 민간 보험회사에 쏟아 붓고 있는 보험료의 성격은 복지 재원이라 할 수 있다. 갑작스런 가장의 사망으로 인한 위험에 대비하기 위해 종신·사망보험을,

**보험산업의 주요 지표**

| 항목 | | FY2008 | FY2009 | FY2010 | FY2011(예측) |
|---|---|---|---|---|---|
| 수입보험료(억원) | | 1,110,567 | 1,207,891 | 1,361,389 | 1,506,275 |
| | 생명보험 | 735,614 | 769,568 | 844,382 | 906,023 |
| | 손해보험 | 374,953 | 438,323 | 517,007 | 600,252 |
| GDP 대비 | | 10.9 | 11.1 | 11.6 | 12.0 |
| 1인당 보험료(천원) | | 2,285 | 2,478 | 2,785 | 3,074 |
| | 생명보험 | 1,513 | 1,580 | 1,727 | 1,858 |
| | 손해보험 | 771 | 899 | 1,058 | 1,225 |

은퇴 후 소득이 사라지는 것을 대비하기 위해 개인 · 퇴직연금을, 갑자기 중병이라도 걸렸을 때를 대비하기 위해 암 · 질병 · 실손 의료보험을 들어놓는 것이다.

이와 같은 목적으로 국가에서도 공적 제도를 운영하고 있다. 노후 소득을 보장하기 위한 국민연금과 의료 보장을 위한 국민건강보험이 그것이다. 그런데 대다수 국민들은 국가가 운영하는 제도가 미덥지 않아 민간 보험 회사에 건강과 노후를 맡기고 있다.

요즘엔 많은 사람들이 국민연금에 가입하고 있긴 하지만, 그것만으로는 노후 자금이 부족한 것이 사실이다. 건강보험 역시 의료비의 60% 정도를 보장해주긴 하나, 나머지 40%의 본인부담은 여전히 큰 부담이 될 수 있다.

그러다보니 민간 보험이 빈 틈을 메워줄 것이라는 기대를 갖고 있다. 사실상 우리 국민들은 시장에 자신의 미래를 맡겨 두고 있다고 해도 과언이 아니다.

자신의 건강과 노후를 사적 영리기업에 의지하는 것에 대해 심각하게 고민해보아야 한다. 요즘 보편적 복지가 주요 의제로 떠오르고 있다. '보편적' 이라는 의미는 인간다운 삶의 필요조건이라 할 수 있는 교육, 의료, 기본소득, 주거 등을 누구나 누릴 권리가 있다는 것이다. 하지만 영리기업에 의지하는 복지는 선별적이다. 모두가 누리는 것이 아니라 혜택 받은 소수만 누리는 복지에 불과하다. 기업복지 역시 마찬가지이다. 대기업일수록 기업복지가 더 탄탄하다. 그러다보니 대기업 노동자일수록 국가가 제공해주는 보편적 복지에 대한 관심이 부족하다. 많은 사람들이 국가가 책임져주는 복지보다 기업복지에 의지하려는 경향이 강하다. 기업복지나 영리 보험회사에 의지하는 복지로는 모두가 인간다운 삶을 영위할 수 있는 복지국가가 되기 어렵다.

# 대한민국 가구당
# 민간 의료보험료 연 240만 원

우리나라 국민들이 민간 의료보험에 어느 정도나 가입하고 있는지에 대한 정확한 통계는 없다. 보험회사에서도 이런 통계를 제대로 밝히지 않고 있다. 그런데 민간 의료보험의 규모를 추산할 수 있는 매우 유용한 자료가 있다. 바로 한국의료패널 자료이다.

한국의료패널은 2008년부터 시작된 연구로, 국내 보건의료 관련 최고 연구기관인 보건사회연구원이 책임지고 있다. 우리나라 전체 가구 중 표본 추출 방식으로 약 8,000가구를 선정하여 의료비 지출과 의료 이용을 조사하는 연구이다.

이 연구에 의하면 2008년에 전체 가구 중 77%가 민간 의료보험에 가입하고 있었다. 한 가구가 여러 개의 보험에 가입하고 있었는데 평균 3.5개나 되었다. 민간 의료보험은 가입자만 혜택을 볼 수 있으므로 가족이 따로 가입해야 하기 때문이다. 각자 암보험 따로, 실비보험 따로, 어린이보험 따로, 이런 식으로 개별적으로 가입해야 한다. 반면 건강보험은 가족 중 한 명이 가입하면 다른 가족 구성원은 피부양자로 등록되어 온 가족이 혜택을 볼 수 있다.

가구당 부담하고 있는 민간 의료보험료는 월 평균 20만 6,900원. 민간 의료보험은 암보험, 질병보험, 실비보험과 같이 주 계약이 민간 의료보험인 경우도 있고, 종신보험과 연금보험의 특약 형태로 가입하고 있는 경우도 있는데, 이를 모두 포함한 것이다. 특약으로 보장받는 경우를 제외하더라도 월 13만 원이었다. 우리나라 국민들은 가구당 연간 240만 원 정도를 민간 의료보험료로 지출하고 있는 셈이다.

그럼 민간 의료보험의 전체 규모는 어느 정도일까. 대구한의대 강성욱 교수는 한국의료패널 자료를 활용하여 민간 의료보험의 규모를 추정하였다. 조사된 가구의 성과 연령별 민간 의료보험료를 이용하여 전체 인구의 보험 가입 규모를 산출하였는데, 그 결과는 놀랍게도 33조 4,133억 원이었다. 당시 보험시장이 110조인 점을 감안하면, 민간 의료보험이 30%를 차지하고 있는 셈이다.

이 통계가 시사하는 바는 크다. 국민들이 부담하고 있는 건강보험 통계와 비교해보면 알 수 있다. 민간 의료보험의 규모를 33조라 할 경우, 이는 건강보험의 재정을 넘어선 규모이다. 같은 해 국민건강보험의 총 수입은 30조였다. 특히 국민들이 부담하고 있는 건강보험료와 비교해보면, 국민 1인당 건강보험의 월 평균 보험료(기업 부담 제외)는 2.7만 원인데 반해, 민간 의료보험료는 5.5만 원이었다. 가구당으로 보더라도 대략 2배 가량 더 부담하고 있다는 것을 알 수 있다.

**국민건강보험과 민간 의료보험 비교(2008년 기준)**

| | 국민건강보험 | 민간의료보험 |
|---|---|---|
| 총 수입 | 30조 원 | 33조 원 |
| 국민 1인당 월평균 보험료 | 2.7만 원 | 5.5만 원 |
| 가구당 월평균 보험료 | 6.6만 원 | 12.9만 원 |

그렇다면 우리 국민은 합리적인 선택을 하고 있는 것일까? 많은 국민이 민간 의료보험에 가입하는 이유는 건강보험이 제 역할을 하지 못하고 있다는 생각 때문이다. 현재 건강보험은 총 의료비 중에서 대략 60%만을 보장해준다. 특히 고액 진료비가 나오는 대형병원 입원의료비의 경우 보장률은 55% 정도로 떨어진다. 그러다보니 암과 같은 중증질환이라도 걸리면 1천만 원 내외의 본인 부담을 감수해야 한다. 백혈병과 같은 고액암의 경우 본인 부담액이 몇 배로 증가한다.

우리 국민들은 건강보험이 보장해주지 않는 40%를 보장받기 위해 건강보험료의 2배에 이르는 민간 의료보험에 가입하고 있다. 40%의 부족분을 메우기 위해 60%를 보장해주는 국민건강 보험료의 2배를 부담하고 있다는 것은 민간 의료보험에 과잉 지출하고 있음을 의미한다. 이렇게 과잉 지출되고 있는 민간 의료보험료는 분명히 가계에 이중 부담이 될 것이다.

민간 의료보험료로 내는 돈의 일부를 건강보험료로 돌려서 건강보험 보장률을 대폭 높여 건강보험 하나로 모든 의료비를 해결할 수 있다면 어떨까? 여러분은 이에 대해 어떻게 생각하는가?

# 암보험, 암에 걸려도 보장받지 못하는 경우가 수두룩

암보험 가입자가 암 진단을 받았다고 보험회사가 보험금을 전부 지급해주지는 않는다. 보험회사는 암이라고 해도 약관 상에 이런저런 제한을 두어 보험금 지급을 최소화하려 한다. 그래야 이익이 더 남기 때문이다. 기본적으로 보험회사는 이익을 남기기 위해 장사하는 기업임을 망각해선 안 된다. 급격히 증가하는 갑상선암의 보장을 대폭 낮춘 것은 빙산의 일각이다.

보험가입자와 보험회사 간의 가장 큰 분쟁이 바로 암 진단을 어떻게 할 것인가이다. 의사가 암 진단을 해주어도 보험회사가 인정하지 않는 경우가 많다. 암 진단은 보통  조직검사나 혈액검사를 통해 이루어진다. 이 경우 확정 진단이 가능하다. 그런데 의사는 확진하지 못한 경우라도 임상적으로 강하게 암이 의심되면 암으로 진단한다. 그리고 암등록을 해줘서 건강보험 혜택을 받을 수 있도록 하고 있다. 암등록이 되면 본인부담률이 5%로 줄어들고, 보험이 적용되지 않는 MRI, PET 등 고가 검사도 보험 적용이 되어 많은 혜택을 받을 수 있다. 그러나 보험회사는 확정 진단되지 않는 경우에는 암환자로 인정하지 않는다.

L생명보험의 암보험 약관 중 일부

암(갑상선암, 기타 피부암, 상피내암, 경계성종양 포함)은 원칙적으로 조직검사, 미세바늘흡인검사(미세한 침을 이용한 생체검사 방법) 또는 혈액검사에 대한 현미경 소견을 기초로 한 진단만 인정됩니다.

뇌암의 경우를 예로 들어보자. 뇌암은 보통 CT나 MRI 등의 검사로 알 수 있다. 물론 확진은 조직검사를 해야 하나, 조직검사 과정은 수술적 절제와 동시에 진행한다. 고령이나 전신 상태가 좋지 않은 경우에는 수술적 치료를 하지 않는 경우도 많이 있다. 이런 경우 의사가 암으로 진단해도 보험회사는 조직학적 진단이 되지 않았다고 해서 암 보험금을 지급해주지 않는 경우가 많다.

신장암은 보통 조직검사를 하지 않는다. CT로 신장암이 의심 되면, 보통 바로 수술을 한다. 조직검사를 통해 암조직세포가 전이될 수 있다는 이유에서이다. 수술 받지 못할 만큼 전신 건강 상태가 좋지 않을 경우에는 확진되지 못해 암보험금을 받을 수 없다.

진단 시에 말기로 진단된 경우도 있다. 이런 경우 잔여 생존기간이 얼마 되지 않아 수술적 치료나 항암치료를 하지 않고 고통을 줄여주는 호스피스 케어만 해주는 경우가 많다. 이때도 조직검사가 환자에게 고통만 가중

시키게 되므로 검사하지 않는 경우가 많다.

암 진단을 받아도 병기에 따라 암 진단금을 차별하는 경우도 있다. 예를 들어 S생명 통합보험의 암 특약을 보자. 통합보험에서 암 보장은 보통 3년 갱신으로 중대한 암에 대해 보장하고 있다. 여기서 말하는 '중대한 암'이란 의학적으로는 전혀 사용되지 않는 보험회사만의 임의적 정의이다. 중대한 암은 암세포가 주위 조직으로 침윤파괴적 증식이 있는 경우를 말한다. 즉, 상피내암(carcinoma in situ)의 경우는 중대한 암이 아니라고 하는 것이다. 몇몇 암은 중대한 암에서 제외시킨다. 대표적으로 갑상선암, 악성 흑색종 이외의 모든 피부암은 보장받지 못한다.

또 중대한 암 중에서 악성 흑색종과 전립선암의 경우, 암 진단을 받더라도 조기 암에 해당하는 경우에는 보장에서 제외된다.

악성 흑생종의 경우, 종양의 깊이가 1.5mm 이하는 보장해주지 않는다. 종양의 깊이가 얕으면 소위 중대한 암이 아니라는 것이다. 그러나 연구에 의하면 종양의 깊이가 1.5mm 이하라 하더라도 5년 생존률이 87% 정도에 불과하다.

약관을 꼼꼼하게 들여다보지 않으면 이런 내용을 알 수 없다. 중대한 암이라는 구분은 결국 보험회사가 암 보험금 지급을 줄이기 위해 임의적인 잣대를 들이대는 데 불과하다.

전립선암의 경우도 그렇다. 약관에 의하면 전립선암의 병기가 T1c 이하인 경우에는 중대한 암이 아니라고 규정하고 보장을 제외하고 있다. 전립선암은 최근 급격히 증가(남성 평균 암발생률 증가는 1.2%이나 전립선암은 12.3%)하고 있다. 전립선암 중 병기 T1c 이하인 경우는 전체 전립선암 중

**흑색종의 단계, 국립암센터**

| stage | 5년 생존율(%) |
|---|---|
| stage I(피부에 국한) (mm) | 80 |
| ≤0.75 | 96 |
| 0.76~1.49 | 87 |
| 1.50~2.49 | 75 |
| 2.50~3.99 | 66 |
| ≥4.00 | 47 |
| stageII(국소 림프절) | 36 |
| stageIII(원격전이) | 5 |

30%를 상회하고 있으며 증가 추세에 있다. 미국의 경우 전체 전립선암의 50% 이상이 T1c 병기 이하에서 발견된다.

이러다보니 암이 의심되더라도 보험금을 타기 위해서는 암이 더 진행할 때까지 기다려야 하는 어이없는 상황이 발생할 수도 있다.

이렇게 보험회사들은 암보험금 지급을 최소화하기 위해 여러 안전 장치를 두고 있다. 이러니 암에 걸려도 암보험금을 지급받지 못하는 경우가 많다. 암 진단 여부를 둘러싸고 보험회사와 갈등하는 사례가 많은 이유가 여기에 있다. 의사는 암이라고 하는데, 보험회사는 암이 아니라고 하니 환자 입장에서는 억울할 뿐이다.

가입 시에 이런 자세한 설명은 어느 누구도 해주지 않는다. 보험 가입 시에 들은 감언이설을 그대로 믿지 마라.

그렇다고 가입 시에 받은 약관집을 일일이 들여다보며 내용을 파악할 수도 없다. 단지 운에 맡기는 수밖에 달리 도리가 없는 형편이다.

# 구멍 숭숭 뚫린 실비보험

실비보험은 건강보험이 보장해주지 않는 본인부담금을 보장해주는 실손형 의료보험이다. 실비보험은 질병과 부상(상해)에 대한 입원 및 외래 진료비의 본인부담금을 보장해준다. 얼마나 좋은 보험인가. 그러나 암보험과 마찬가지로 실비보험이 의료기관 이용 시 발생되는 모든 본인부담금을 보장해주는 것은 아니다.

실비의료보험은 일정액 이상의 본인부담 의료비만 보장해주고 있다. 외래 본인부담금은 의원급 1만 원, 병원 1.5만 원, 종합전문병원 2만 원을 초과한 의료비를 보장해준다. 따라서 1~2만 원 이하의 진료비가 발생되는 감기, 복통 등의 가벼운 질병으로 간단히 진료와 처방만 받는 경우는 실비 보험의 혜택을 받지 못한다.

또한 보장 한도가 설정되어 있다는 것도 알아야 한다. 보통 30만 원까지만 보장해준다. 하지만 실제로 종합전문병원의 외래를 이용할 경우에는

30만 원 이상 진료비가 발생되는 경우가 상당히 많다. 특히 보험 적용이 안 되는 고가 검사(MRI, PET 등)를 할 경우에 그렇다.

입원 의료비는 본인부담금의 90%를 보장받을 수 있다. 하지만 상급 병실료의 경우는 50%까지만 보상해주며, 1일 10만 원을 한도로 한다. 즉 큰 병원에 입원하면 입원비를 모두 보상해주지 않고 1일당 10만 원 정도만 부담해주므로 주의가 필요하다.

**입원 의료비 보장 대상**

| 구 분 | 보상금액 |
|---|---|
| 입원실료,<br>입원 제 비용,<br>입원수술비 | '국민건강보험법에서 정한 요양급여 또는 의료급여법에서 정한 의료급여 중 본인부담금' 과 '비급여(상급병실료 차액 제외)' 부분의 합계액 중 90% 해당액(다만, 10% 해당액이 계약일 또는 매년 계약해당일로부터 연간 200만 원을 초과하는 경우 그 초과금액은 보상합니다) |
| 상급 병실료 차액 | 입원 시 실제 사용 병실과 기준 병실과의 병실료 차액 중 50%를 공제한 후의 금액(다만, 1일 평균금액 10만 원을 한도로 하며, 1일 평균금액은 입원 기간 동안 상급 병실료 차액 전체를 총 입원일수로 나누어 산출합니다) |

여기서 실비보험이 의료비 전부를 보장해주는 것이 아니라 실제로는 일부 본인부담이 남아 있다는 것을 비판하려는 것은 아니다. 실비보험에서도 본인 부담금이 일부 있다는 것이 크게 문제되진 않는다. 자기 부담금을 완전히 없앨 경우 값비싼 1인실에 입원하려는 등 불필요한 도덕적 해이를 유발할 수 있기 때문이다.

실손형 의료보험에 대한 가장 큰 오해는 실비보험에 가입하면 모든 질병이나 사고를 전부  보상해준다는 것이다. 알려진 것과는 달리 실손형 의료보험이 보장해주지 않는 영역은 아주 많다.

가장 대표적으로 보장되지 않는 영역이 정신과 진료이다. 우리 사회에서 매우 흔한 우울증, 불면증, 스트레스 관련 질환을 포함한 거의 모든 정신과 진료 영역이 보장 범위에서 제외되어 있다.

또한 여성의 경우 임신, 출산, 불임 등과 관련한 의료비는 일체 제외된다. 그 외 요실금, 선천성 질환, 수술건수 1위인 치질 등의 항문질환, 예방접종, 치과 및 한방의 비급여 진료비 일체가 제외된다. 사고(부상)의 경우에도 전쟁, 내란, 폭동 등으로 인한 사고는 보장에서 제외된다. 실손형 보험에 가입했더라도 연평도에서 있었던 폭격으로 다친 경우 실비 보험은 보장해주지 않는다.

이것을 보면 건강보험이 보장해주지 못하는 의료비를 실손형 보험이 모두 보장해주지 못한다는 것을 알 수가 있다. 사실 실손형 보험이 보장해주는 질환의 영역은 건강보험이 보장해주는 영역보다 더 좁다. 국민건강보험은 고의나 중한 과실 및 자동차, 산재 등 타 법령에 의해 급여를 받을 수 있는 경우를 제외한 모든 질병, 부상(상해)에 대해 보상을 해준다. 이에 반해 실손형 보험은 제한이 많아 실제 건강보험의 취약한 부분을 완전히 메워주지 못한다.

실비보험이라고 하더라도 보상에서 제외되는 것이 많은 이유는 보험회사가 안게 될 위험을 최소화하기 위해서다. 내전이나 폭동으로 인해 대규모 사상자가 발생될 경우, 보험회사가 떠안아야 할 위험이 커질 수 있다. 최근에 질병으로 인식되고 있는 비만도 그렇다. 전 국민의 30%가 비만인 상황에서 비만 치료에 보험을 해줄 경우, 상당한 부담을 떠안게 되는데, 그

실손형 보험이 보장해주지 않는 의료비

고의에 의한 질환이나 사고, 우울증 · 불면증 · 정신분열증 등 일체의 정신과질환 및 행동장애(F04~F99), 여성생식기 관련질환(습관성 유산, 불임 및 인공수정관련 합병증), 임신 · 출산(제왕절개를 포함) · 산후기로 입원한 경우(O00~O99),  선천성 뇌질환(Q00~Q04),비만(E66), 요실금, 치질 · 항문농양 등의 직장 또는 항문질환, 치과 및 한방 관련 비급여, 건강검진, 예방접종, 인공유산, 호르몬 투여, 불임검사, 불임수술, 불임복원술, 보조생식술(체내, 체외 인공수정 포함), 성장촉진과 관련된 비용 등에 소요된 비용, 단순한 피로 또는 권태, 주근깨 · 다모 · 무모 · 백모증 · 점(모반) · 사마귀 · 여드름 · 노화현상으로 인한 탈모 등 피부질환, 발기부전(impotence), 불감증, 단순 코골음, 단순포경(phimosis), 일상생활에 지장이 없는 검열반 등 안과질환, 의치 · 의수족 · 의안 · 안경 · 콘택트렌즈 · 보청기 · 목발 · 팔걸이(Arm Sling) · 보조기 등 진료재료의 구입 및 대체비용, 외모 개선 목적의 치료로 인하여 발생한 의료비(쌍꺼풀, 주름살제거술, 성형수술, 사시교정, 다리 정맥류), 인간면역바이러스(HIV) 감염으로 인한 치료비, 전쟁 · 외국의 무력행사 · 혁명 · 내란 · 사변 · 폭동, 자동차보험(공제를 포함합니다) 또는 산재보험에서 보상받는 의료비 등

런 위험을 피하고자 함이다.

사실 보험이라는 것은 예측 불가능한 미래의 위험에 대비하고자 하는 목적을 갖고 있다. 하지만 보험회사는 가입자의 위험 분산보다는 가입자가 낸 보험료를 운용해 이익을 남기는 데 목적이 있다.

반면, 국민건강보험은 다르다. 국민건강보험은 이익을 취하는 데 목적이 있지 않고, 국민의 건강과 생명을 보호하는 데 있기에 보험회사가 가진 한계를 뛰어넘을 수 있다. 국민건강보험이 민간 보험보다 더 좋은 이유이다.

# 실손 의료보험
# 견적서를 받아 보니

나는 한 손해보험사에 실비보험 견적서를 받아본 적이 있다. 이를 통해 실비의료보험이 어떻게 구성되어 있는지, 얼마나 보험료를 내야 하는지를 알아보았다.

내가 견적서를 받아 본 실비보험 상품은 100세 만기 20년납이다. 100세 만기란 100세까지 보장해준다는 것을 말한다. 20년납은 보험료 납입 기간을 의미한다. 20년간 매월 보험료를 납부하면 100세까지 보장을 받을 수 있다는 것이다. 20년만 보험료를 내면 죽을 때까지 보장해준다고 하니 괜찮아 보인다. 그러나 이 기간은 기본계약의 보험기간을 의미할 뿐, 특약(선택계약)은 포함되지 않는다. 특약 중엔 80세까지 보장해주는 항목도 있고 100세까지 보장해주는 것도 있다.

더 주의 깊게 보아야 할 점은, 보장 기간의 차이가 아니라 보험료 납입 기간이다. 다른 보장 항목과는 달리 실비 보상을 위해서는 20년이 아니라

100세까지 평생을 부담해야 한다. 실비보험료는 3년마다 갱신된다. 즉 3년만 보장해주며, 계속 보장받기 위해서는 3년마다 매번 갱신해야 한다. 사망할 때까지 실비보험 혜택을 받기 위해서는 '죽을 때까지' 계속 갱신해야 한다. 앞에서 실비보험료가 계속 갱신될 경우, 보험료가 기하급수적으로 증가한다는 것을 살펴보았다. 이 보험의 특약보험료도 그렇다.

이제 보험료 구조를 살펴보자. 실비보험 견적서를 보면, 총 납입 보험료는 월 6만 4,500원이다. 이 중 보장보험료는 4만 7,630원이며, 적립보험료(갱신보험료)는 1만 6,870원이다.

매월 내야 하는 보험료 6만 4,500원 중 의료비 실비를 보장받기 위해 부담하는 보험료(뒤 페이지 도표에서 선택특약 중 박스 부분)는 총 7,896원에 불과하다. 어느 정도인지는 알 수 없으나 여기에 보험회사 몫인 사업비도 포함된 것이므로, 실비 보상을 받기 위한 위험보험료는 이보다 더 적을 것이다.

이 중 다른 특약은 모두 배제하고 실비보상에 해당하는 특약만 가입한다고 하면 보험료를 대폭 줄일 수 있다. 즉, 기본계약(적립보험료+상해후유장해담보)에 해당하는 1만 8,250원과 7,896원을 합친 2만 6,146원이면 충분

**실손형 보험 상품의 구조**

가입조건

| 피보험자 | 김종명 | 주피보험자와의관계 | 본인 |
|---|---|---|---|
| 상해 급수 | 1급 | 가입유형 | 100세만기 20년납 |
| 직업 | 의사 | 가입유형 | 세대주 100세 플랜 |
| 보장보험료 | 47,630 | 납입방법 | 월납 |

보장내용

| 가입담보 [보험기간/납입기간] | 가입금액(원) | 보험료(원) | 보장(보상)내용 |
|---|---|---|---|
| | | 기본계약 | |
| 적립부분 | | 16,870 | 만기환급금은 적립부분 순보험료를 [이 계약의 공시이율]로 부리하여 적립 |
| 상해후유장해(3~100%) 100세만기 20년납 | 30,000,000 | 1,380 | 피보험자가 보험기간 중 상해 사고로 후유장해(3%~100%)가 발생한 경우 가입금액 한도내에서 지급 |
| | | 선택계약 | |
| 상해사망 100세만기 20년납 | 100,000,000 | 7,900 | 피보험자가 보험기간 중 상해사고로 사망한 경우 가입금액 지급 |
| 상해 80%이상 후유장해 100세만기 20년납 | 100,000,000 | 1,110 | 피보험자가 보험기간 중 상해사고로 80%이상 후유장해가 발생한 경우 가입금액 지급(1회한) |
| 보험료납입면제(상해 질병 80%이상후유) 100세 만기 20년납 | 10,000,000 | 970 | 피보험자가 보험기간 중 상해 또는 질병으로 80%이상 후유장해시 가입금액을 지급(1회한), 단, 보험수익자의 동의하에 해당가입금액으로 갱신특약보험료의 대체납입이 가능함. |
| 상해50%이상후유장해연금 80세 만기 20년납 | 5,000,000 | 830 | 피보험자가 보험기간 중 상해사고로 50%이상 후유장해가 발생한 경우 매년 가입금액을 10년간 지급 |
| 상해입원일당(1일이상) 100세만기 20년납 | 20,000 | 2,668 | 피보험자가 보험기간 중 상해사고로 입원하여 치료를 받는 경우 입원 1일당 가입금액을 지급. 단 1회 입원당 180일 한도. |
| 중대한특정상해수술비 100세만기 20년납 | 2,000,000 | 286 | 보험자가 보험기간 중 사고로 뇌손상 또는 내장손상을 입고 180일 이내에 "개두수술", "개흉수술" 또는 "개복수술"을 받은 경우 가입금액 지급(1회한) |
| 상해흉터복원수술비 100세만기 20년납 | 70,000 | 172 | 피보험자가 보험기간 중 상해사고로 안면부, 상지, 하지에 장해가 발생하여 그 원상회복을 목적으로 성형 수술을 받는 경우 최고 500만원을 한도로 지급 |
| 자동차사고성형수술비 100세만기 20년납 | 1,000,000 | 61 | 피보험자가 보험기간 중 자가용자동차 운전중 사고로 기형, 기능장해 발생하여 1년이내 성형외과 전문의로부터 성형수술을 받은 경우 가입금액 지급. 단, 미용을 위한 성형수술을 받는 경우는 제외 |
| 골절진단비(치아제외) 100세만기 20년납 | 300,000 | 2,100 | 피보험자가 보험기간 중 신체에 상해를 입고 그 직접결과로써 골절분류표(치아파절 제외)에서 정하는 골절로 진단확정된 경우 가입금액 지급 |
| 화상진단비 100세만기 20년납 | 300,000 | 258 | 피보험자가 보험기간 중 신체에 상해를 입고 그 직접결과로써 화상분류표에서 정하는 화상(심재성2도 이상)으로 진단확정된 경우 가입금액 지급 |

| 가입담보 [보험기간/납입기간] | 가입금액(원) | 보험료(원) | 보장(보상)내용 |
|---|---|---|---|
| 중대한화상및부식진단비 80세만기 20년납 | 10,000,000 | 77 | 피보험자가 보험기간 중 상해를 입고, 그 직접결과로써 중대한 화상부식으로 진단 확정된 경우 가입금액 지급(1회한) |
| 자동차부상치료비 100세만기 20년납 | 6,000,000 | 5,412 | 피보험자가 보험기간중 교통사고로 자동차손해배상보장법 시행령상의 부상등급(1~14등급)에 해당하는 경우 보험가입금액을 한도로 부상등급에 따라 지급 |
| 강력범죄피해보험금 100세만기 20년납 | 1,000,000 | 50 | 피보험자가 보험기간중 일상생활중에 약관에서 정하는 강력범죄에 의하여 사망하거나 신체에 피해가 발생하였을 경우 가입금액 지급 |
| 신종합입원의료비 3년갱신 3년납, 최대 100세 | 50,000,000 | 5,652 | 요양급여중 본인부담금과 비급여(병실차액 제외)합계액의 90% 해당액(연간 200만원한도 공제)과 병실료차액의 50%(일평균 최대 10만원한도)합계액을 가입금액 한도로 보상 |
| 상해외래 의료비 3년갱신 3년납, 최대 100세 | 250,000 | 296 | 요양급여중 본인부담금과 비급여합계액에서 의료기관별 자기부담금(1만/1.5만/2만)공제후 가입금액한도로 매 1년간 최고 180회 보상. |
| 상해약제 의료비 3년갱신 3년납, 최대 100세 | 50,000 | 12 | 요양급여중 본인부담금과 비급여합계액에서 8천원 공제후 가입입금액한도로 매 1년간 최고 180건 보상. |
| 질병외래 의료비 3년갱신 3년납, 최대 100세 | 250,000 | 1,774 | 요양급여중 본인부담금과 비급여합계액에서 의료기관별 자기부담금(1만/1.5만/2만)공제후 가입금액한도로 매 1년간 최고 180회 보상. |
| 질병약제의료비 3년갱신 3년납, 최대 100세 | 50,000 | 162 | 요양급여중 본인부담금과 비급여합계액에서 8천 원 공제후 가입입금액한도로 매 1년간 최고 180건 |
| 질병사망 80세만기 20년납 | 1,000,000 | 8,560 | 피보험자가 보험기간 중 질병으로 사망한 경우 가입금액 지급 |
| 질병 80%이상 후유장해 80세만기 20년납 | 10,000,000 | 300 | 피보험자가 보험기간 중 질병으로 80%이상 후유장해가 발생한 경우 가입금액 지급(1회한) |
| 질병특정고도장해연금 80세만기 20년납 | 1,000,000 | 657 | 피보험자가 보험기간 중 질병으로 인하여 보험기간중에 "질병특정고도장해판정기준" 에서 정한 장해상태가 되었을 경우 가입금액을 10년간 매년 지급(1회한) |
| 5대장기이식수술비 80세만기 20년납 | 20,000,000 | 184 | 피보험자가 보험기간 중 상해 또는 질병으로 인하여 장기수혜자로서 5대장기이식수술을 받을 경우 가입금액 지급(1회한) |
| 각막이식수술비 80세만기 20년납 | 20,000,000 | 38 | 피보험자가 보험기간 중 상해 또는 질병으로 인하여 장기수혜자로서 각막이식수술을 받을 경우 가입금액 지급(1회한) |

| 가입담보 [보험기간/납입기간] | 가입금액(원) | 보험료(원) | 보장(보상)내용 |
|---|---|---|---|
| 조혈모세포이식수술비 80세만기 20년납 | 20,000,000 | 94 | 피보험자가 보험기간 중 질병으로 인하여 장기수혜자로서 조혈모세포이식수술을 받을 경우 가입금액 지급(1회한) |
| 질병입원일당 100세만기 20년납 | 20,000 | 11,376 | 피보험자가 보험기간 중 질병으로 인하여 입원하여 치료를 받은 때에는 최고 180일을 한도로 입원 1일당 가입금액을 지급 |
| 16대질병수술비 80세만기 20년납 | 1,000,000 | 1,900 | 피보험자가 보험기간 중 16대질병 분류표에서 정한 질병으로 병원, 의원에서 수술을 받는 경우 가입금액을 지급 (단, 가입후 1년미만은 가입금액의 50% 지급) |
| 남성특정비뇨기계질환수술비 80세만기 20년납 | 2,000,000 | 220 | 피보험자가 보험기간 중 남성특정비뇨기계질환으로 진단확정되고 그 치료를 직접목적으로 수술을 받은 경우 보험가입금액을 지급(단, 가입후 1년미만은 가입금액의 50%지급) |
| 컴퓨터질환수술비 80세만기 20년납 | 100,000 | 60 | 피보험자가 보험기간 중 청각질환 또는 누적외상성질환(VDT증후군)으로 진단확정되고 그 치료를 직접적인 목적으로 수술시 가입금액을 지급 |

할 것이다.

그런데 여기서 한 가지 의문이 든다. 1만 6,870원이나 되는 적립보험료는 왜 있는 걸까. 적립보험료는 실비보험의 혜택을 받는 데 필요한 보험료(7,896원)의 2배가 넘는다. 전체 보험료에서 차지하는 비중도 26%로 결코 적지 않다.

이 적립보험료가 의미하는 바는 보험설계서를 꼼꼼히 살펴보면 알 수 있다. 그 내용은 다음과 같다.

'보통 약관의 보험료 납입기간 중 갱신특약의 보험료는 보통 약관의 적립 부분 순보험료에서 대체 납입하며, 갱신특약의 보험료가 인상되어 보통 약관의 적립 부분 순보험료에서 충당할 수 없는 경우에는 보통 약관의 적립 부분 보험료를 추가로 납입하셔야 합니다. 위의 방법에 따른 보험료의 추가 납입이 없을 경우 갱신특약은 해지됩니다.'

그렇다. 3년마다 갱신할 경우, 갱신보험료는 인상된다. 앞에서 살펴본 것처럼 40% 이상 인상된다. 그 경우 바로 보험료를 인상하는 것이 아니라 우선 적립보험료에서 끌어다 쓴다는 의미다. 몇 번의 갱신 후 적립보험료마저 소진되면 전체 보험료를 인상한다는 것이다. 적립보험료의 기능은 갱신 특약 보험료 인상에 대비한 예비비인 것이다.

실손형 갱신보험료는 3년마다 갱신하도록 되어 있어 갱신 시마다 보험료가 증가한다. 3년 후 보험료가 증가할 경우 가입자는 보험료 인상에 대한 부담을 갖게 되는데, 이에 대비해서 적립보험료를 설정해 놓는 것이다. 갱신 시 증가한 금액은 적립보험료에서 대체 납입을 하여 보험료 인상을 완화시키거나 적게 할 수 있다. 그러다가 적립보험료가 모두 소진되면 보험료가 인상되는 것이다.

나는 실비보험에 가입한 동료에게 갱신 시에 보험료가 얼마나 인상되었는지를 물어본 적이 있다. 동료는 실손보험료가 전혀 오르지 않았다고 말했다. 갱신 시점이 다가오자 보험회사 직원이 전화를 해서는 "고객님은 가입 기간 동안 한 번도 의료 이용을 하지 않아 이번 갱신 때 보험료가 오르지 않았습니다."라고 하면서 갱신 여부를 확인하더란다. 동료는 의료 이용을 하지 않아서 보험료가 오르지 않았다는 보험회사 직원의 말을 굳게 믿고 있었다. 그리고는 기회가 될 때 크게 보장받을 계획이라고 다짐하고 있었다.

무언가 이상해서 동료에게 보험증서를 가져오라고 해서 확인해보았다. 역시나 보험료가 오르지 않은 것이 아니라 적립보험료를 이미 내고 있었다. 실비보상을 위한 보험료 외에 적립보험료로 1만 5,000원씩 납입하고 있었다. 실비보험료는 대폭 올랐지만 보험료를 바로 올리는 대신 적립보험료로 충당해 놓고는, 가입자가 의료 이용을 하지 않아 보험료를 올리지 않았다고 둘러댄 것이다.

적립보험료란 갱신 시 보험료 인상에 대비해서 미리 적립해놓은 보험료일 뿐이다. 만일 실손형 보험을 3년 후에 갱신하는데 보험료가 증가하지 않았다면, 실손특약의 갱신보험료가 동결된 것이 아니라 증가분을 적립보험료에서 끌어다 사용한 것이다. 물론 적립보험료가 없는 경우도 많다. 특히 순수 실비보험이 아닌 종신보험이나 암보험 등에 특약으로 실손보험을 가입한 경우에 그렇다. 그 경우에는 매번 갱신 시 대폭 인상된 보험료를 납부해야 한다.

갱신보험료 인상에 대비해서 미리 적립보험료를 받아놓는 이유는 또 있다. 실비보험의 손해율이 급격히 올라갈 경우, 보험회사 입장에서는 수지타산이 안 맞을 수 있는데, 이때 적립보험료를 활용하면 얼마든지 가능하다는 점이다.

손해율이 낮을 경우에는 쌓아둔 적립보험료로 투자를 할 수 있어 추가적인 수익을 얻을 수 있고, 손해율이 올라가더라도 적립보험료로 채우면 되니 보험회사 입장에서는 안전장치가 되는 셈이다.

# 보험회사는 가입자를 선택하고 등급을 매긴다

민간 보험은 동등위험의 원칙을 따른다. 만일 가입자의 위험이 동일하지 않고 차이가 있다면 그만큼 보험료를 높게 부과하며, 때로는 보험 가입을 거절하기도 한다. 민간 보험사는 보험가입자에 대한 위험을 평가하고, 계약을 승인할지 거절할지를 결정하는 과정을 거친다. 이 과정을 언더라이팅(underwriting)이라고 부른다.

만일 고혈압이 있는 사람이 민간 의료보험에 가입하고자 한다고 해보자. 보험사 입장에서는 고혈압 환자는 동등위험의 원칙에 위배되는 사람이다. 고혈압이 없는 사람과 동일하게 보험료를 부담하게 할 순 없다. 고혈압은 뇌졸중이나 심장병과 같이 주요 사망 원인의 위험 요인이다. 또한 고혈압은 지속적으로 약물치료를 해야 하므로 의료비가 많이 소요된다. 따라서 보험사는 고혈압이 있는 사람의 경우 선별적으로 심사하여 보험에 가입시킬 것이다. 치명적 질병보험(CI보험)은 고혈압이 있는 사람의 가입을 거절한다. 치명적 질병보험은 뇌출혈과 급성 심근경색증, 암을 보장해주는데 고혈압은 뇌출혈과 급성심근경색증을 유발하는 핵심 위험이기 때문이다. 또 실손형 보험 가입도 보통 거절된다. 하지만 최근에는 보험사에 따라 고혈압도 받아주는 상품이 있다. 하지만 고혈압의 조절 유무와 합병증에 대해 엄격한 심사기준을 적용하며, 더욱이 고혈압과 관련한 질환에서는 부담보법(해당 질병과 관련한 의료비에 대해서는 보상해주지 않음을 의미)을 적용한다는 점에 유의할 필요가 있다.

민간 보험사는 보험 가입 시 가입자의 여러 위험에 대해 면밀히 분석을 한다. 최대한 동등원칙에 위배되는 경우를 찾아내서, 그에 대해서는 추가 보험료를 부과(보험료할증)하거나, 관련한 위험에 대해서는 보험금 지급을 배제(부담보, exclusion)하거나, 위험이 너무 크다고 판단하면 가입을 거절하는 조치를 취한다. 그래야 보험사가 떠맡을 손실을 최소화할 수 있기 때문이다.

보험사는 흔히 가입자를 우량체-표준체-표준하체-거절체로 나눈다. 우량체는 평균 사망위험보다 낮은 경우를 말하며, 이에 해당할 경우 보험료를 할인해준다. 표준체는 평균적인 사망률에 해당하는 경우이며, 표준하체는 사망위험이 높은 경우이고, 거절체는 보험가입 거절 대상자를 일컫는다. 표준하체는 보험료를 할증하는 경우가 많다.

이를 위해 가입자의 모든 개인 정보가 수집한다. 연령, 성별, 직업, 교육수준, 수입, 취미, 비만도, 흡연, 음주, 질병기왕력, 가족력 등등이 요구된다. 이런 정보는 보험 청약 시에 작성하는 '계약 전 알릴 의무(고지 의무)'에서 파악된다.

<table>
<tr><th>구분</th><th>항목</th><th>고지사항(예시)</th></tr>
<tr><td rowspan="3">중요한 사항*<br>(11개 항목)</td><td>현재 및 과거의 질병<br>(5개 항목)</td><td>1. 최근 3개월 이내에 의사로부터 진단, 치료, 입원, 수술, 투약을 받은 경험 여부 등<br>2. 최근 3개월 이내 마약, 혈압약, 수면제, 진통제 등 약물 상시복용여부<br>3. 최근 1년 내 의사로부터 진찰 또는 검사로 추가검사를 받은 사실<br>4. 최근 5년 이내에 의사로부터 진단, 치료, 입원, 수술, 투약을 받은 경험 여부 등<br>5. 최근 5년 이내에 의사로부터 10대 질병에 대해 진료를 받은 경험 여부<br>6. 여성의 경우 임신 유무</td></tr>
<tr><td>현재의 장애<br>(2개 항목)</td><td>현재 신체에 기능적 장애나 외관상 신체의 장애가 있는지 여부</td></tr>
<tr><td>외부환경<br>(4개 항목)</td><td>1. 직업(근무처, 근무지, 업종, 취급하는 업무)<br>2. 운전 여부<br>3. 운전 차종<br>4. 구체적 취미</td></tr>
<tr><td colspan="2">기타 사항**(6개 항목)</td><td>부업, 해외출국계획, 월 소득, 음주, 흡연, 체격, 다른 보험 가입 여부</td></tr>
</table>

계약 전 알릴 의무 중 '중요한 사항'이란 회사가 그 사실을 알았더라면 보험계약의 청약을 거절하거나 보험가입금액 한도 제한, 일부 보장 제외, 보험금 삭감, 보험료 할증과 같이 조건부로 인수하는 등 계약인수에 영향을 미치는 사항을 말한다. '기타 사항'은 사실대로 알리지 않은 경우 보험회사는 보험 가입을 거절할 수 있으나, 계약을 해지하거나 보장을 제한할 수는 없다.

만일 보험가입자가 계약 전 알릴 의무를 허위로 알린 경우에는 중도에 보험계약을 해지하거나, 보험금 지급을 거부할 수 있다. 계약 전 알릴 의무는 보험가입자가 위반하는 경우가 많다. 왜냐하면 고지 의무에 해당하는 사항이 전문적인 의학적 지식이 필요한 경우가 많고, 5년 이내의 진료 내역을 고지해야 하는데, 실제 이를 제대로 기억하는 경우가 많지 않기 때문이다. 때문에 보험금 지급 시 고지 의무 위반을 두고 팽팽히 맞서는 일이 많다.

더 정밀하게 위험을 평가하기 위해 보험회사가 직접 건강진단을 하는 경우도 있다. 청약서상에서 파악하기 어려운 콜레스테롤, 당뇨병, 간장질환, 흡연 판정을 위한 소변검사, 단백뇨 등 검사를 통해서 알 수 있는 정보를 추가로 확보하기 위해서다.

이런 정보를 활용하여 보험사는 보험계약을 승인할지, 거부할지, 혹은 보험료 할증이나 부담보를 적용할지를 결정하게 된다.

고혈압이나 당뇨병 등 고위험 만성질환을 가진 경우나 장애인, 고도비만, 희귀질환자, 고위험직업군(남성 무직자, 광부, 다이버, 헬기조종사 등)의 경우는 보통 보험 가입이 거부된다.

만성질환이 있더라도 일부는 보험료에 할증을 부과하거나 관련한 질병의 경우 부담보를 조건으로 가입하는 경우도 있다. 대표적으로 CI(치명적 질병)보험의 경우 흡연에 보험료를 할증하는 경우가 많다. 흡연은 모든 암 발생에 20%를 기여할 뿐 아니라 급성심근경색증과 뇌출혈의 원인이 되는 동맥경화증의 선행요인이다.

부담보 되는 경우도 많다. 부담보란 질환의 기왕력이 있는 경우 그와 관련한 특정 질병이나 특정 부위에 대해 관련 질환이 차후에 발생하더라도 보험금 지급을 배제하는 것을 말한다. 특정 부위에 대해 부담보를 설정하는 경우의 예는 다음과 같다. 급성췌장염을 앓은 병력이 있는 경우, 췌장에 발생하는 질환을 보통 부담보 조치한다. 이 경우에는 췌장염뿐 아니라 췌장에 발생하는 암 등의 질환에 대해 보험금을 지급받지 못한다. 특정 질병에 대해 부담보 조치를 취하는 경우도 있다. 만일 보험가입자가 손에 관절염이 있는 경우, 무릎이나 발목 등 어느 부위든지 관절염에 대해서는 부담보 조치를 취한다.

사실 부담보 조치는 의사 입장에서 보면 적절치 않다. 급성 췌장염의 병력과 췌장암과는 연관성이 증명되지 않았기 때문이다. 그럼에도 보험사는 관련성을 완전히 배제하지 못한다고 하여 췌장암에 대해서도 부담보 조치를 취한다.

# 실손 의료보험은
# 국민건강보험과 경쟁적 관계

실손의료보험은 암보험이나 정액형 질병보험과 같은 민간 의료보험과는 전혀 다른 속성을 가지고 있다. 암보험이나 정액형 질병보험은 건강보험의 보장률과 무관하게 설계되어 있다. 암에 걸리면 얼마, 입원하면 하루당 얼마 하는 식으로 지급하기 때문이다.

실손의료보험은 건강보험에서 발생되는 본인부담금을 보상해주는 보험이다. 실손보험의 이러한 특성으로 인해 국민건강보험과는 양립하기가 어렵다. 실손의료보험의 시장 규모는 건강보험 보장률이 떨어지면 오히려 증가하게 된다. 반대로 건강보험 보장률이 올라가면 실손의료보험 시장은 축소된다. 실손형 민간 의료보험과 건강보험은 서로 적대적인 셈이다. 실비의료보험이 커지면 건강보험이 위축되며, 건강보험의 보장성이 확대되면 실비 의료보험이 설 자리가 줄어들게 된다. 풍선의 한쪽을 누르면 다른 쪽이 부풀어 오르는 효과와 같다.

민간 보험사가 노리는 의료시장의 규모는 어마어마하다. 2010년에 건강보험의 총 급여는 34조 규모였다. 건강보험의 보장률을 60%라고 가정한다면, 총 의료비는 56조 수준이고, 국민들이 의료기관에서 부담한 본인부담액은 22조이다. 실손형 민간의료보험은 본인부담금의 일부를 대상으로 하고 있다. 만일 민간 의료보험이 건강보험을 대체하여 34조를 모두 차지한다면, 민간 의료보험은 폭발적으로 성장할 것이다. 34조의 시장은 GDP의 3%가 넘는 규모이다. 그러다 보니 민간 보험사들은 궁극적으로 건강보험의 자리마저 빼앗으려는 의도를 감추지 않고 있다.

이러한 민간 보험사의 속내를 여실히 보여주는 자료가 공개된 바 있다. 민영 의료보험은 궁극적으로 건강보험을 대체하겠다는 무서운 목표를 세우고 있다. 아래 그림을 보자.

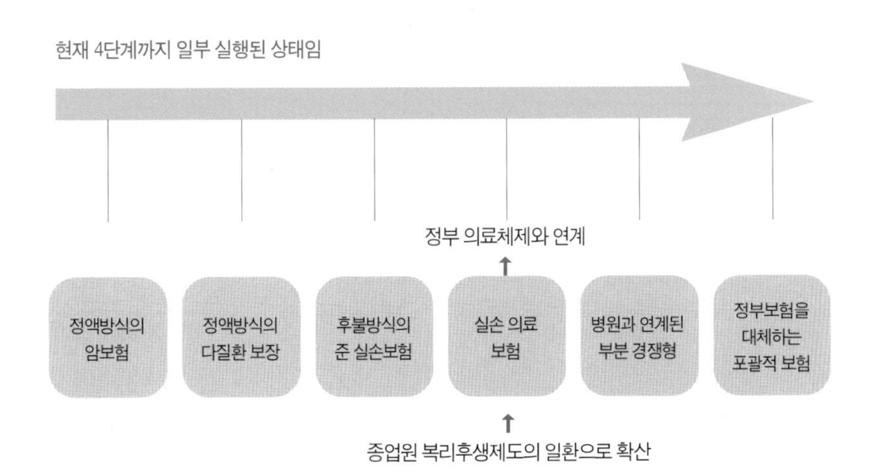


〈삼성생명 내부 보고서〉

이 계획은 지난 2005년 삼성생명이 지향하는 목표와 구체적 경로를 담고 있다. 민간 의료보험의 발달 단계는 ①암보험→ ②암 외 다질환 보장→ ③준실손보험 → ④실손보험→ ⑤병원과 연계된 직불제보험→ ⑥건강보험을 대체하는 포괄적 보험의 과정을 거친다는 것이다. 또한 보고서에는 민간 의료보험에 대한 것뿐 아니라 의료공급체계의 의료 민영화 체계를 제시하고 있다. 즉, 삼성생명 보험에 가입한 가입자는 삼성병원을 중심으로 구축된 병원에서 의료서비스를 이용하는 형태이다. 이것은 의료가 민영화된 미국식 의료제도를 모델로 한 것으로 보인다.

이 자료는 민간 의료보험이 어디를 향해 가고 있는지, 그 전략과 전술은

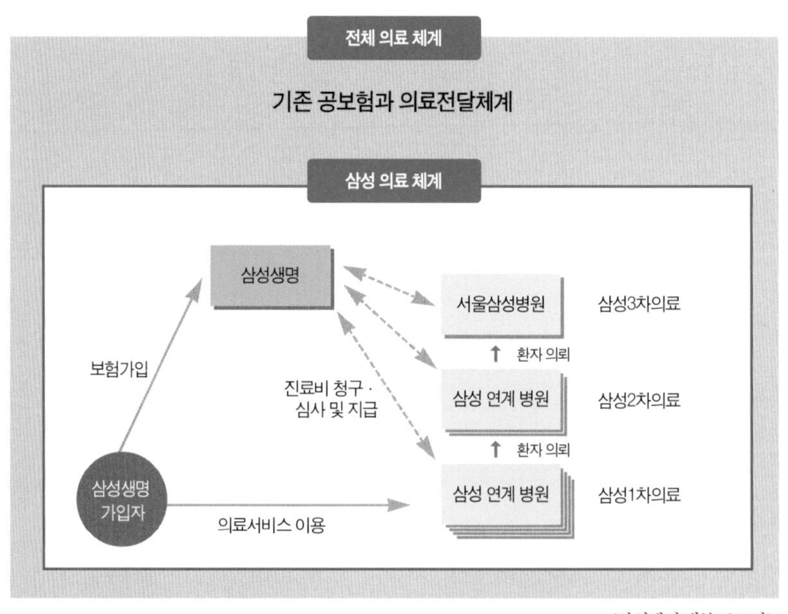


〈삼성생명 내부 보고서〉

무엇인지를 여실히 드러내 주고 있다. 현재 민간 의료보험의 발달 단계는 총 6단계 중 4단계인 실비보험 출시 단계에 와 있다. 조만간 5단계, 즉 병원과 연계된 부분 경쟁형(즉 직불제보험)으로 나아가려 하고 있다. 마지막 6단계는 건강보험을 대체하는 것으로 의료 민영화의 종착지라 할 수 있다.

이것은 민간 의료보험 회사가 그리는 원대한 꿈이다. 결국 민간 의료보험이 활성화되면 건강보험이 약해지고, 궁극적으로 붕괴될 것이라는 시나리오는 괴담이 아니다. 현재 진행 중인 엄연한 현실임을 직시해야 한다.

민간 의료보험은 궁극적으로 6단계인 건강보험을 대체하는 것을 목표로 하고 있다. 그러나 그 과정에 순서가 있다. 제아무리 욕심이 크더라도 서두르면 문제가 발생하기 마련이다. 그 전에 차근차근 준비를 해야 한다. 아직 민간 의료보험은 진료비에 대한 심사 전문성이 부족하다. 건강보험을 대체하려면 진료비 심사에 대한 전문성을 확보해야 한다.

이를 위해 필요한 것이 바로 민간 의료보험의 진료비 직불제이다. 이와 관련한 법이 2010년 8월 민주당의 한 국회의원이 발의한 '민영 의료보험의 보험금 청구 및 지급에 관한 법률(안)' 이다.

이 법률은 겉으로는 보험가입자의 권익을 보호하기 위한 것으로 보인다. 현행 실손형 의료보험은 병원에서 본인부담액을 전액 납부한 후에 진료비 영수증을 가지고 보험회사에 청구하는 형식이다. 그런데 보험회사가 환자 대신 직접 의료기관에 환자의 본인부담금을 지불할 수 있도록 해준다면, 보험가입자의 불편을 상당 부분 해소해줄 수 있기 때문이다. 사실 이 법은 겉으로는 보험가입자의 권익을 내세우지만 실제로는 실손형 의료보험을 한층 더 업그레이드하여 5단계로 나아가기 위한 포석에 불과하다.

보험회사의 진료비 직불제가 시행된다면, 보험회사는 진료비를 직접 심사할 수 있게 된다. 그간 보험회사는 진료비를 심사하는 기능을 확보하지 못했다. 단지 보험 청구가 허위인지 의심되는 선에서만 조사할 수밖에 없었다. 하지만 직불제가 시행된다면 건강보험심사평가원의 심사 기능을 확보할 수 있게 된다. 건강보험심사평가원이 급여 부분을 심사 평가한다면, 민간 보험회사는 비급여 부분을 심사하게 되는 것이다. 또한 비급여 부분에 대한 심사를 위해서는 급여 부분에 대한 자료가 필요하므로 환자의 진료 내역인 개인 질병 정보가 민간 보험회사로 전송된다. 그리 되면 민간 보험회사는 국가의 공적 기관이 확보하는 질병 정보보다 더 포괄적인 질병 정보를 확보할 수 있는 셈이다. 보험회사가 명실상부하게 건강보험과 심사평가원의 역할을 하겠다는 것이다. 그 경험이 축적되면 제 6단계, 즉 건강보험 체계를 손쉽게 대체할 수 있게 된다.

# 한미 FTA로 인해 달라지는 것들

한미 FTA가 새누리당의 날치기로 통과되었다. 한미 FTA가 건강보험과 민간 의료보험에 어떤 영향을 미치는지를 둘러싼 팽팽한 논쟁이 있었다. 정부는 건강보험 제도는 FTA 대상에서 제외되어 있어서 건강보험 보장을 확대하는 데 아무런 문제가 없다고 주장한다. 또한 민간 의료보험도 소비자를 보호하기 위한 건전성 조치는 FTA에서도 가능하다고 주장하다. 물론 반대 측에서는 여러 가지 근거를 들어 이를 반박하고 있다.

나는 건강보험 보장률을 높이면 무조건 ISD의 제소가 있을 것이라는 주장은 약간 과장되어 있다고 본다. 하지만 FTA가 건강보험과 전혀 상관이 없다는 정부의 주장은 신뢰하지 않는다.

FTA는 자유무역을 최고의 이념으로 한다. 바로 국가와 공적 규제로부터의 자유이다. 그러다 보니 FTA는 관세 철폐는 기본이며, 국경을 넘나드는 자본의 이익을 보호하기 위한 조치, 즉 지적재산권, 금융, 투자, 의약품, 서비스무역, 통신 등 모든 분야를 망라하고 있다. FTA는 기본적으로 국가가 공공의 안녕과 보호라는 이름으로 사적 자본에 대해 제한하고 규제하는 것을 장벽으로 간주한다.

FTA는 최소한의 공적 영역을 제외하고 모두 시장에 맡기라고 요구한다. 심지어 공적 영역마저도 자본이 이익을 취할 수 있는 대상이라고 여긴다. 국민의 건강과 밀접한 관련이 있는 보건의료 영역이 대표적인 예이다.

이번 FTA에서는 의약품의 허가 특허 연계로 인해 특허 기간이 2~3년 정도 연장되는 효과를 초래한다. 또한 보험등재 시 약가 결정 과정에서 다국적 제약회사가 이의를 제기할 수 있는 독립적 기구를 둘 수 있도록 하여 제약회사에 대한 공단의 협상력을 약화시켰다. 이것은 곧 약값 인상으로 이어질 것임은 자명하다. 현재 건강보험 재정 지출의 30%가 약제비로 나간다. FTA로 인한 특허의 연장은 건강보험 재정에 압박을 주어 보장성 확대에 장벽으로 작용할 것이다.

다음은 경제자유구역의 영리병원 허용 문제. 경제자유구역 및 제주도 내 의료기관은 한국이 자유로운 규제를 시행할 수 있는 미래유보 대상에서 제외되어 있다. 현재 경제자유구역은 외국 투자자본이 국내 자본과 합작하여 영리병원을 설립할 수 있도록 하고 있다. 제주도의 경우에는 한발 더 나아가 내국인 영리병원 설립을 허용하고 있다. 영리병원은 한번 추진되면 정책적으로 되돌리기가 불가능하다. 그럴 경우, 이미 영리병원에 투자한 자본가들이 FTA 협정문을 근거로 국제 사법기관에 제소할 것이 틀림없기 때문이다. 현재 경제자유구역은 전국 방방곡곡에 있다고 해도 과언이 아니다. 인천, 부산 진해, 광양, 대구 경북, 군산 새만금, 황해 등이 이미 경제자유구역으로 지정되어 있고, 추가로 더 지정할 계획이다.

특정한 지향성을 가진 정부가 정권을 잡을 경우, 자신의 정책대로 시행할 수는 있다. 그러나 그 정책이 실패하였다고 판단될 경우에는 언제든지 물러설 수 있어야 한다. 그것으로 인해 정권이 바뀌기도 하며 바뀐 정부는 그것을 되돌리려 할 것이다. 그러나 한미 FTA는 이를 원천적으로 봉쇄하고 있는데, 이는 한 국가의 정책 주권을 제약하는 것이다.

영리병원의 허용이 가지는 파급 효과는 의외로 크다. 정부는 제주도의 경우 내국인이 설립한 영리병원에도 당연지정제[1] 를 시행할 계획이므로, 건강보험제도가 무너지지는 않을 것이라고 한다. 그런데 영리병원에 투자한 투자자 입장에서 이윤을 목적으로 하는 기업에 당연지정제라 하여 의료수가를 통제하는 것은 있을 수가 없다고 여길 것이다. 그럴 경우 헌법소원이 들어간다. 이미 한 차례 헌법소원에서 당연지정제가 합법적이라고 판단하였지만, 그것은 영리병원이 법적으로 허용되지 않은 상태였다. 영리병원이 허용된 상태에서는 다른 판단이 나올 수밖에 없다. 결국 영리병원은 우리의 공적 의료제도를 붕괴시키는 지렛대가 될 것이다.

경제자유구역과 제주도에 제한적으로라도 영리병원이 들어서게 되면, 그와 함께 새로운 민간 의료보험 상품이 출시될 수밖에 없다. 이것은 기존의 민간 의료보험과는 다른 신금융서비스에 해당한다. 그러나 FTA는 신금

---

1 당연지정제란 국내 의료기관은 당연하게도 건강보험 지정 의료기관이 되어야 한다는 것을 말한다. 당연지정제가 폐지된다면 의료기관은 건강보험이 지정하는 의료수가가 아니라 병원이 임의로 제시한 의료수가를 받을 수 있게 된다. 전 국민 건강보험 제도가 시행되므로 의료기관에서도 당연히 건강보험이 적용되도록 강제하는 제도이다.

융서비스에 대해서는 규제 없이 허용해주도록 하고 있다. 영리병원의 등장은 새로운 형태의 민간 의료보험의 등장을 가져오고, 이 민간 의료보험은 다시 영리병원의 수요를 창출하는 효과를 낳는다. 민간 의료보험사가 가장 반기고 있는 지점이 바로 여기이다. 영리병원을 이용할 수 있는 민간 의료보험 가입자는 당연히 건강보험료를 내는 데 반대할 것이고, 건강보험제도를 탈퇴하겠다는 요구가 이어질 것이다. 이는 전 국민 건강보험제도의 기초를 흔들 것이다.

마지막으로 무소불위의 권한을 행사할 수 있는 투자자 국가 소송제도인 ISD이다. ISD는 거의 모든 공공의 이익을 위한 정책을 무력화시킬 수 있다. 정부와 찬성론자들은 사회보장제도와 같은 공공정책은 ISD의 예외라고 주장한다. 그러나 공공정책이라고 하더라도 모든 의무가 예외가 되는 것은 아니다. 이미 한미FTA저지 범국민운동본부에서 밝혔듯이 최소기준대우나 수용보상의 의무는 제외되어 있다. 즉, 사회공공정책으로 인해 투자자가 손해를 보았다고 판단하면 언제든지 제소할 수 있는 것이다.

여기서 중요한 것은 정부가 아무리 공공정책은 ISD 대상이 아니라고 주장하더라도, 그것을 판정하는 것은 국내 사법기관이 아니라 세계은행 산하에 있는 국제사법재판소라는 점이다. 그들이 어떻게 해석하느냐에 따라 결과는 달라진다. 그들은 우리의 사법기관과는 다르다. 사법기관은 우리의 헌법정신에 기초하여 판정을 내리겠지만, 국제사법재판소는 단지 투자자의 권익이라는 관점에서 사안을 다룬다. 우리의 헌법이 아무리 공공에 대한 국가의 의무를 강조하고 있다고 하더라도 그들이 우리의 헌법을 보고 판단하지는 않을 것이기 때문이다. 한미 FTA가 우리의 사법주권을 침

해한다고 하는 이유가 여기에 있다.

어찌되었든 몰상식한 날치기 방법으로 FTA는 통과되었다.

# 3장
# 미국의 실패에서 배우는 의료보험의 미래

# 영화 〈식코〉를 아십니까

영화 〈식코(Sicko)〉를 아시는가? 미국의 의료 현실을 적나라하게 보여주는 다큐멘터리 영화다. 이 영화를 보고 많은 국민들이 충격에 휩싸였다. 보험에 가입되지 않은 무보험자가 절단된 손가락을 붙여달라고 병원에 갔더니, '중지는 6만 달러, 약지는 1만 2천 달러' 를 내라고 한다. 보험 혜택을 받을 수 없었던 이 사람은 결국 중지는 포기하고 약지만 붙이고 말았다. 병원비가 비싸서 병원에 못 가고 찢어진 피부를 직접 꿰매는 장면에 이르면 왜 영화 제목을 '정신 나간 세상' 이라고 했는지 알 수 있다. 감독 마이클 무어는 〈식코〉를 통해 너무나 '형편없는' 미국의 의료 현실을 비판하였다.

세계에서 제일 잘사는 나라 미국의 의료체계가 형편없는 이유는 무엇 때문일까? 한마디로 '헛돈' 을 쓰고 있기 때문이다. 미국은 의료비를 세계에서 가장 많이 쓰면서도 국민의 건강 수준은 칠레나 쿠바보다 못하다. 자본주의 최첨단을 걷는 나라이지만, 적은 돈으로 최대의 성과를 내야 한다는 시장경제의 기본 상식이 의료 분야에서는 통하지 않는다.

미국은 2009년 나라 벌이(국내총생산, GDP)의 17.4%를 의료비에 쏟아 부었다. 나라 살림에서 차지하는 비중이나 절대적인 돈의 액수 면에서 세계 최고다. 그것도 독보적인 수준이다. '좀 사는 나라'가 모여 있는 경제협력개발기구(OECD) 회원국의 의료비 평균은 GDP의 9.5% 정도다. 미국 다음으로 의료비를 많이 쓰는 나라인 네덜란드는 GDP의 12.0% 수준이다.

우리나라는 2009년에 GDP의 6.9%를 의료비로 썼다. 국가의 경제 규모를 감안해도 미국은 우리보다 2.5배를 많이 쓴 것이다. 절대 액수를 보면 차이가 더욱 크다. 우리나라의 의료비는 73조 7천억 원인데, 미국은 2조 5천억 달러였다. 1달러를 1,100원이라고 치고 계산해도 2,700조 원이 훌쩍 넘는다. 우리 국민은 1인당 151만 원을 의료비로 썼고 미국인은 1인당 7,960달러(876만 원)를 썼다. 우리와 미국의 물가 차이를 고려하면 1인당 의료비가 우리나라는 1,879달러, 미국은 7,960달러로 무려 4.2배나 된다.

우리보다 의료비를 4배 이상 쓰면서도 미국인의 평균 수명은 OECD 국가 중 24위로 하위권이다. 대체 그 엄청난 돈을 어떻게 쓰기에 이 지경에 이르렀을까? 그것은 미국이 가진 매우 독특한 의료체계 때문이다.

미국은 선진국 중 유일하게 모든 국민을 아우르는 건강보험이 없다. 그 대신 공적 의료보장제도로 65세 이상 노인을 대상으로 하는 건강보험인 메디케어와 저소득층을 대상으로 하는 의료급여인 메디케이드를 운영하고 있다. 대부분의 미국인은 민간 의료보험에 가입한다. 그런데 국민의 15%인 4,500만 명은 민간 의료보험에도, 공적 의료보장제도에도 속하지 못한 무보험자(the uninsured)다. 보험료가 너무 비싸 민간 의료보험에 가입도 못하고, 그렇다고 메디케이드 혜택을 받을 정도의 저소득층도 아닌 이들이다. 극단적으로 의료비를 많이 쓰는데도 불구하고 의료보험에 가입이 안 된 국민이 우리나라 전체 인구만큼이나 된다. 과연 이들이 모두 필요한 만큼의 진료를 받게 되면, 도대체 의료비가 얼마나 더 오르게 될지 궁금하다.

미국의 병원비가 매우 비싸다는 것은 잘 알려져 있다. 미국 이민자들이 자녀 출산 시에 한국에 들어와서 분만하는 경우가 있는데, 그 이유가 병원비가 너무 비싸기 때문이다. 미국에서는 단순 자연분만이어도 병원비가 9,000~17,000달러가 든다. 병원비가 비싸다 보니 민간 의료보험료도 매우 비쌀 수밖에 없다. 과연 미국인들은 민간 의료보험료로 얼마를 내고 있을까?

〈USA투데이〉 기사에 따르면 2009년 민간 의료보험의 가구당 보험료는 1만 3,375달러, 1인당 4,824달러였다. 우리 돈으로 환산하면 민간 의료보험료가 가구당 연 1,500만 원, 1인당 550만 원이다. 미국의 국민소득이 우리보다 대략 2배 높은 것을 감안하더라도 상상하기 어려운 금액이다.

미국은 의료비를 부담하는 사람에게 가히 지옥이라 할 수 있다. 반면에 미국인의 많은 의료비 지출로 인해 천국에서 뛰노는 집단이 있다. 바로 사람의 건강을 밑천으로 삼아 장사를 하는 민간 보험사, 영리병원, 제약회사들이다. 이들에게 미국의 의료체계는 천국이다.

미국에서 맹장 수술 가격은 얼마일까?

의료보험에 가입된 경우엔 본인부담금만 내면 된다. 의사의 진료비, 응급실 진료, 약값에 대해서는 보통 100달러 이상의 본인부담금을 내게 되고, 수술에 대한 본인부담금은 수술비의 10%~50% 정도다. 본인부담금은 매년 본인부담 상한선까지 이를 수도 있다.

의료보험이 없는 경우, 맹장수술에 드는 비용은 보통 $10,000~$35,000이며 때론 그 이상이 될 수도 있다. 맹장 수술비는 환자의 상태나 수술의 종류에 따라 달라진다. 수술을 개복술로 할지 복강경으로 할지, 합병증이 동반되어 있는지에 따라 다르다. 예를 들어 로와(Lowa)에 위치한 라이트(Wright) 메디컬센터는 합병증이 동반되지 않은 개복 맹장수술 비용이 의사 진료비 $1,600을 포함해서 $7,900 정도 된다. 반면에 복강경 수술비는 $12,000에 이른다. 네브라스카(Nebraska) 주에 위치한 사이온 엘리자베스(Saion Elizabeth) 지역 메디컬센터는 농양이 동반되지 않은 맹장 수술비가 보통 $9,200~$19,500이다. 여기에는 의사 진료비가 포함되어 있지 않다. 이를 포함하면 수천 달러가 추가된다. 만일 농양이 동반되어 있을 경우에는 $15,500~$30,700에 이른다.

http://www.costhelper.com/cost/health/appendicitis.html

## 값비싼 의료비 때문에 중산층이 파산하는 나라

미국의 의료비가 아무리 비싸다고 한들 '사람 사는 곳인데 어떻게든 살지 않겠어?' 라고 생각할 수도 있다. 그런데 미국인이 파산하는 가장 큰 이유가 의료비 때문이라고 해도 그렇게 생각할 수 있을까? 2007년 미국에서 개인이 파산을 신청한 이유 중 62%가 의료비 때문이었다. 미국은 의료비가 전 세계에서 가장 비싸고, 인구의 15%가 아무런 보험 혜택을 받지 못하고 있는 나라니까 당연한 결과라고 해야 할까? 문제는 의료비로 인한 파산자의 78%는 파산 신청을 할 때 의료보험을 가지고 있었다는 것이다. 의료비 파산자의 60%는 민간 의료보험에 가입하고 있었고, 10%는 노인 건강보험인 메디케어를, 5.4%는 저소득층에 대한 의료급여인 메디케이드를 가지고 있었다.

이 얘기는 민간 의료보험이 '빛 좋은 개살구' 라는 의미이다. 민간 의료보험에 왜 가입을 하는가? 병에 걸리거나 사고가 났을 때 들어갈 목돈에 대비하려고 가입한다. 그런데 민간 의료보험에 가입했는데도 파산하는 사람이 저렇게 많은 이유는 무엇인가. 민간 의료보험이 의료비 부담을 충분히 덜어주지 못하기 때문이다. 무보험자도 큰 문제지만 민간 의료보험에 가입하더라도 의료비 부담에서 벗어나지 못하는 경우가 많은 것이다.

이처럼 의료비 부담을 충분히 덜어줄 만큼 보장률이 높지 않은 민간 의료보험에 가입된 사람을 부실보험자(the underinsured)라고 한다. 본인부담금으로 내는 의료비가 가구 소득의 10%를 넘는 경우를 말한다. 보험료를 많이 내면 본인부담액을 적게 내도록, 보험료를 적게 내면 본인부담액을 많게 내도록 설계해서 판매한다. 그러다 보니 보험료가 많으면 가계에 부담이 되므로 보험료 부담을 줄이기 위해 보장률이 낮게 설계된, 즉 본인부담액이 많은 보험에 가입하는 경우가 많다. 특히 대기업보다는 중소기업 노동자들이, 그리고 중산층 이하의 자영업자들이 많이 가입하는 경향이 있다.

의료비로 인한 파산이 정말 심각한 문제인 까닭은 의료비 부담을 감당하기 어려운 저소득층만의 문제가 아니라는 데 있다. 의료비 파산자 중 대부분은 중산층이었다. 3분의 2가 자기 소유의 집을 가지고 있었고, 다섯 명 중 세 명은 대학을 나온 고학력자였다.

값비싼 의료비는 미국의 중산층을 위기로 몰아넣고 있다. 민간 의료보험은 의료비 부담으로부터 국민을 충분히 보호해주지 못하고 있다. 미국은 무보험자뿐만 아니라 부실보험자 문제도 매우 심각하다. 19~64세의 부실보험자 수가 2,520만 명에 이른다. 이 연령대의 42%(7,500만 명)가 무보험자이거나 부실보험자인 셈이다. 의료비 때문에 언제 파산할지 모르는 상

**보험료 수준에 따른 본인부담액 차이** (1인당)

| | 본인부담이 낮은 의료보험 | 본인부담이 높은 의료보험 |
|---|---|---|
| 월 보험료 | $850 | $450 |
| 의사서비스 본인부담 | $20 | $20 |
| 전액 본인부담(Deductible) | $0 | $2500 |
| 정률 본인부담(Coinsurance) | $0 | 20% |
| 본인부담 상한선(OOP) | $0 | $5000 |

황이다.

보험료가 비싸서 보험료가 더 저렴한 의료보험을 찾다보니 본인 부담이 많아 다시 의료비 부담을 유발하는 이상한 구조를 가진 것이다. 이 때문에 무보험자나 부실보험자는 아파도 웬만하면 참는다. 또 의사가 필요하다고 한 필수적인 의료서비스도 이용하지 못하는 일이 허다하다.

**보험 가입 유형에 따른 의료 이용의 장벽을 경험한 빈도**

| | 전체 | 보험가입자 | 부실보험 가입자 | 무보험자 |
|---|---|---|---|---|
| 전체 수(단위: 백만 명) | 177.0 | 102.3 | 25.2 | 49.5 |
| 지난 1년 동안 의료비 부담 때문에 아파도 병원에 가지 못한 적이 있다. | 31 | 17 | 35 | 55 |
| 의료비 부담으로 의사가 권고한 검사, 치료, 추적관리를 못했다. | 25 | 14 | 30 | 43 |
| 비용 문제로 정기검진 시기를 놓친 적이 있다. | 18 | 9 | 17 | 38 |
| 약값 부담으로 약을 조제하지 못해 약복용을 놓친 적이 있다(만성질환자의 경우) | 33 | 19 | 39 | 55 |

더 큰 문제는 의료비 파산 비율이 점차로 높아지고 있다는 점이다. 1981년에 의료비로 인한 파산은 8%에 불과했지만, 2001년엔 46%, 2007년엔 62%로 증가했다. 소득이 많아지는 것보다 의료비가 훨씬 더 비싸졌기 때문일 것이다.

## 미국의 보험료는 왜 그렇게 비싼가

미국의 민간 의료보험료는 왜 그렇게 비쌀까? 이 말은 곧 미국은 의료비로 왜 그렇게 많은 돈을 쓸까란 물음과 같다.

미국의 의료비가 얼마나 비싼지는 비교적 흔한 수술인 맹장 수술비만 비교해 봐도 쉽게 실감할 수 있다. 맹장 수술을 하는 데 우리나라에서는 200만 원이면 되는데 미국에서는 2,000만 원이 든다. 미국이나 한국이나 진단과정, 치료 내용, 수술 방법은 별로 차이가 없는데도 말이다. 그런데도 병원비가 10배나 차이가 나는 이유가 뭘까?

흔히 의료비가 증가하는 이유로 인구의 고령화, 만성질환자의 증가, 첨단 의료장비 도입 등이 거론된다. 이것은 대체로 전 세계에서 나타나는 현상이다. 우리도 마찬가지이다. 이것이 국가 간 의료비의 차이를 설명해주진 못한다.

미국의 의료비가 비싼 이유는 바로 미국만의 독특한 의료제도 때문이다. 미국은 민영 의료보험-영리병원이 의료시스템을 주도한다. 대부분의 OECD 국가가 조세로 운영하는 국가보건서비스(NHS)나 보장이 아주 튼튼한 사회보험방식의 보험체계를 운영하는 것과 완전히 상반된다. 또한 다른 OECD 국가들은 공공병원의 비중이 매우 높고, 영리병원의 역할은 극히 미미한 정도에 불과하다는 점도 다르다.

병에 걸리거나 사고가 났을 때 의료비 부담을 덜기 위해 보험에 가입한다. 그리고 병원에서 진료를 받는다. 환자가 진료비의 일부를 부담하고 나머지는 보험회사가 부담한다. 이러한 구조는 의료체계의 가장 기본적인 모형이다.

문제는 의료체계가 무엇을 위해 작동하느냐 하는 데 있다. 미국의 의료체계는 영리 추구를 목적으로 작동된다. 영리병원은 말 그대로 '돈을 벌기 위한' 병원이다. 병원이니까 환자의 생명을 살리는 일을 하지만 이 일을 통해 '대놓고' 돈을 '많이' 벌겠다는 것이다. 돈을 많이 벌려면 비싸게 받아야 한다. 그러다 보니 의료비가 비싸질 수밖에 없다. 환자 치료에 쓰이는 의료기기, 의약품 등을 병원에 조달하는 회사도 두 말할 나위 없이 모두 영리를 추구하는 회사들이다.

보험 역시 마찬가지다. 주로 영리 보험회사들이 민간 의료보험을 운영하고 있다. 미국은 유럽과 달리 비영리보다 영리 보험회사가 다수를 차지하고 있다. 영리 보험회사는 보험을 팔아서 돈을 많이 남기는 일을 업으로 삼는 곳이다. 이들이 보건의료 서비스가 당연히 갖추어야 할 공공성과 효율성을 추구할 리 만무하다.

이에 대해 구체적으로 살펴보자.

## 영리병원의 실체, 병원비는 비싸고 질은 떨어진다

영리병원은 병원을 운영해서 남긴 이윤을 병원 투자자에게 주는 병원을 말한다. 비영리병원은 이윤이 남으면 환자 진료 등 병원이 하는 일에만 돈을 쓸 수 있다. 우리나라에서 영리병원 도입 문제가 이슈가 된 적이 있었다. 영리병원을 운영할 수 있게 하자는 편에서는 더 많은 자금을 투자하여 환자들이 좋은 시설에서 양질의 진료를 받을 수 있게 해야 한다고 했다. 국민건강보험이 있으니 의료비가 더 비싸질 이유는 없고 수준 높은 진료를 하는 모범을 보여 다른 병원들을 자극해서 수준 향상에 기여할 것이라고 했다. 과연 그럴까? 미국을 보면 알 수 있다.

미국의 병원은 70%가 민간 소유 병원이다. 전체 병원 중 15% 정도가 주식회사 형태의 영리병원이다. 영리병원은 의료비를 비싸게 만드는 출발점이다. 주식회사는 주주의 이익이 최우선이다. 주주들에게 이익을 많이 주려면 병원이 돈을 많이 벌어야 한다. 병원이 돈을 많이 벌려면 병원에 오는 환자한테 더 많은 돈을 받아내는 수밖에 없다. 영리병원의 '이윤 밝힘증'은 비영리병원에도 영향을 주어 전체 의료비 상승을 가속화시킨다.

실제로 영리병원이 있는 동네에서는 영리병원 없이 비영리병원만 있는 곳보다 의료비를 16% 더 많이 쓴다. 게다가 영리병원이 오래 동안 존재한 동네일수록 그렇지 않은 지역보다 의료비 증가 속도도 더 빨랐다. 영리병원이 비영리병원으로 바뀌면 의료비가 덜 늘어나는 반면, 비영리병원이 영리병원이 되면 의료비가 훨씬 더 늘어나는 경향도 있었다. 또 다른 연구 결과에서는 영리병원의 진료비가 비영리병원보다 19% 더 비쌌다. 그렇다고 영리병원이 더 좋은 진료를 하느라 진료비를 비싸게 받은 것도 아니다. 오히려 영리병원의 진료 수준은 비영리병원보다 떨어졌다.

영리병원은 왜 비쌀까? 환자 진료하는 데 말고도 다른 데 돈을 많이 쓰기 때문이다. 다른 데 쓰는 돈을 행정 비용(administrative costs)이라고 하는데, 병원 경영진 월급, 보험 청구 등 환자 진료 외에 들어가는 병원 운영비를 말한다. 한 연구에 의하면 영리병원의 행정 비용은 28.2%, 비영리병원은 24.4%, 공공병원은 22.0%였다.

영리병원의 행정 비용이 높은 이유 중 하나는 경영진에 대한 엄청난 보수 때문이다. 미국 최대 영리병원 기업인 콜롬비아 HCA(Colombia/Healthcare Corporation)의 최고경영자가 부정행위 소송으로 인해 해임됐을 때 퇴직금으로 1천만 달러와 3억 달러 상당의 스톡옵션을 받았다. 두 번째로 큰 영리병원 기업인 테넷(Tenet)의 CEO는 2003년에 스톡옵션으로 1억 1,100만 달러를 받았다. 미국 공공병원과 비영리병원의 경우 CEO와 병원 청소부 간의 임금 격차는 20:1 정도이나 영리병원의 경우 그 차이가 무려

**영리 병원의 높은 입원비용과 행정비용**

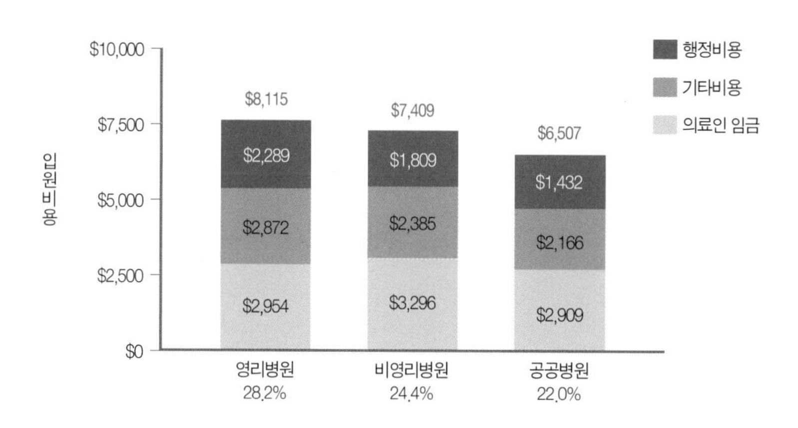


180:1 정도나 된다.

다 좋다. 비싸도 '명품' 이기만 하면 용서할 수 있다. 영리병원이 병원의 가장 중요한 사명인 환자 진료는 잘할까? 안타깝게도 '짝퉁' 이다. 미국에서 의료서비스의 질이 우수한 병원을 매년 발표하는데 20위권 안에 영리병원은 단 한 개도 없다. 영리병원은 비영리병원보다 사망률이 2%나 더 높다. 100명 중 2명은 안 돌아가실 병으로 돌아가신다. 불행하게 돌아가신 환자들이 영리병원이 아닌 비영리병원에서 치료 받았다면 매년 1만 4,000명이 살 수 있었을 것이다. 이 정도로 진료 수준 차이가 엄청나다.

이러한 수준 차이는 병원 의료진의 수준 차이 때문이다. 영리병원이 덜 우수한 의료진을 고용한다는 것이다. 간호사 월급도 비영리병원보다 짜고 인력이 적다보니 영리병원에서 일하는 간호사는 일이 더 힘들다. 힘든데 환자를 친절하고 꼼꼼하게 돌볼 수 없다. 영리병원이 되면 더 우수한 의료

진이 진료를 해서 서비스 질이 좋아질 것이라고들 하는데, 실제 영리병원의 현실은 정반대다.

부정도 많이 저지른다. 영리병원은 돈벌이를 위해 질병의 중증도를 조작하여 더 높은 진료비를 청구하는 사례가 매우 빈번했다. 미국 최대의 영리병원 기업인 콜롬비아/HCA는 2003년 부정행위와 메디케어 부당 청구가 적발되어 연방 정부에 17억 달러를 배상했고, 두 번째로 큰 영리병원 기업인 테넷은 2004년 메디케어 부당 청구에 대해 약 2천만 달러를 배상하기도 했다.

결론적으로 영리병원은 진료는 못하면서 병원비만 비싸게 받는다. 이런 기이한 일이 벌어지는 이유는 영리병원이 환자를 위한 최선의 치료를 하는 것이 아니라, 주주와 투자자의 이익을 위한 치료를 하기 때문이다. 그러다 보니 진료비를 비싸게 받고 환자 진료에 드는 비용은 줄이려 한다.

이쯤 되면 한 가지 궁금증이 생긴다. 불량품을 비싸게 파는 셈인데, 영리병원은 왜 없어지지 않을까? 파는 상품이 의료서비스이기 때문이다. 의료서비스는 의사나 간호사 등 면허가 있는 사람만 행할 수 있기 때문에 공급이 독점이다. 요새는 인터넷으로 의료 정보를 알 수 있는 방법이 많지만 의사보다 더 잘 알 수는 없다. 환자가 이용할 의료서비스를 환자 자신이 아니라 의사가 결정해준다. 의료서비스 영역에서는 시장경제 원리가 작동할 수 없다는 뜻이다. 이런 특성이 있다 보니 영리병원은 퇴출되지 않고 오히려 이익을 재투자하여 비영리병원을 인수합병하여 덩치를 불리고 있다.

# 의료보험이 민영화되면 효율성이 높아진다고?

미국인의 58%는 민간 의료보험에 가입하고 있다. 민간 의료보험사는 영리 추구를 목적으로 하는 기업이다. 2003년 민간보험 가입자의 61.7%가 영리 보험회사에 가입하고 있었다. 민간 보험회사는 1천 개가 넘지만, 대체로 상위 5개 보험사가 전체 가입자의 절반을 보유하고 있다.

미국에서는 민간 의료보험에 단체로 가입한다. 기업이 고용 노동자와 그 가족을 복지 차원에서 민간 의료보험에 단체로 가입시켜 주는 것이다. 미국인의 약 60%가 고용주가 제공하는 민간 보험에 가입한다. 개인 가입은 9% 정도에 불과한데, 주로 기업에 고용되어 있지 않은 자영업자가 가입한다.

기업 복지 차원에서 민간 의료보험을 제공하는 것이기 때문에 기업이 보험료의 상당 부분을 낸다. 2008년 기업이 제공하는 민간 보험에 근로자 본인만 가입하는 경우 평균 보험료는 4,704달러이며, 가족이 함께 가입하면 1만 2,680달러였다. 근로자 본인만 가입하면 전체 보험료의 85%를 기업이 내고, 노동자는 나머지 15%만 낸다. 부양가족까지 가입하는 경우는 보험료를 더 내야 하는데 이때도 기업이 75%를, 노동자는 25%만 부담한다.

이렇게 후한 기업 복지가 있기 때문에 괜찮은 민간 의료보험에 가입시켜주는 직장을 가진 사람이면 아파도 돈 걱정할 일은 없다. 민간 의료보험이 없는 사람만 암담하다. 하지만 민간 의료보험에 가입된 사람이라고 마음이 편할 순 없다. 기업이 저렇게나 보조를 해줘도 의료보험료가 서민 등골을 빼먹을 정도로 비싸기 때문이다. 2000년 6,438달러였던 의료보험료는 2009년에 13,375달러(가족단위)로 2배가 넘게 올랐다. 의료보험료 증가율은 노동자의 임금이나 물가 인상률보다 훨씬 높다. 1999년에서 2008년 사이에 임금은 겨우 34% 인상되었지만, 의료보험료는 임금 인상폭의 3배가 넘는 119%가 올랐다.

노동자만 힘든 것이 아니다. 기업도 힘들다. 세계 최대의 자동차 회사인 제너럴모터스(General Motors, GM)는 노동자와 가족들을 위한 의료보험료로 2006년에 46억 달러를 지출했는데, 자동차 한 대당 생산원가에 반영된 의료비가 무려 1,500달러에 이른다. 오죽하면 GM이 위기의 중요한 이유로 의료보험료 부담을 꼽았을까.

그런데 상식과 너무 다른 모양새다. 여러 민간 의료보험사가 서로 더 많은 가입자를 유치하기 위해 경쟁하면, 싼 보험료에 혜택이 큰 보험 상품을 내놓아 국민에게 이익이 된다는 것이 민간 의료보험을 옹호하는 사람들의 논리였다. 국민건강보험같이 공공보험 하나만 있으면 경쟁이 부족해서 운영이 방만해지고 서비스 개선이 안 된다고 하지 않았던가.

이러한 주장의 결정적인 오류는 민간 의료보험사가 '장사'를 하는 기업이란 점을 무시했다는 데 있다. 보험 상품의 목적은 '이윤'을 남기는 것이다. 이윤을 많이 남기는 데는 가입자의 건강을 관리하여 아플 때 지급하는 보험금 지출을 줄이는 것보다 '비싸게 팔아' 수입을 늘리는 것이 손쉽다. 미국에는 전 국민을 대상으로 하는 공적인 의료보험도 없다. 이런 판국에 민간 의료보험이 없으면 말 그대로 '몸으로 때우는' 수밖에 없다. 여유가 있는데도 비싸단 이유로 민간 의료보험에 가입하지 않을 배짱이 있는 사람이 얼마나 될까. 비싸도 팔릴 수밖에 없는 것이다.

비쌀 만하면 비싸도 할 말이 없다. 그러나 미국 의료체계의 '헛돈 쓰기'는 민간 의료보험사에서도 고스란히 나타난다. 민간 의료보험사의 행정관리비용(overhead cost)은 공적 건강보험보다 훨씬 많다. 관리비용은 사업을 운영하는 데 들어가는 일상적인 비용으로서 전기료, 수도료와 같은 비용을 말한다. 65세 이상 노인에 대한 공적 건강보험인 메디케어의 관리비용이 전체 지출의 3% 수준인데 반해 민간 보험회사의 경우 5~8배에 이른다. 보험에서 행정관리비용이 많다는 것은 가입자로부터 거둬들인 보험료 중 가입자의 의료비로 지출되는 부분이 그만큼 적음을 의미한다. 우리나라 국민건강보험이 전체 재정에서 국민건강보험공단 운영비로 쓰는 비용은 3%에 불과하다. 나머지 97%는 모두 가입자의 의료비로 지급된다. 민간 의료보험사가 공적 건강보험보다 훨씬 '방만하게' 운영되고 있는 것이다. 그중에서도 영리 보험회사는 비영리 보험회사보다 관리비용이 더욱 높다. 관리비용은 공적 건강보험보다 민간 의료보험이, 민간 보험 중에서도 영리형 민간 의료보험이 높다.

의료보험이 공공의 품을 떠나 민간의 손에 가까워질수록 가입자는 손해를 본다. 여러 민간 의료보험사가 경쟁을 통해 비용을 줄여 효율성을 증대시킬 것이라는 기대는 생선가게를 잘 지키려면 고양이 한 마리보다 여러 마리 고양이에게 맡기는 게 더 효율적이라는 말과 같다.

그렇다면 영리 민간 의료보험회사는 왜 이렇게 관리비용이 높을까? 민간 보험사가 많으니 서로 가입자를 유치하기 위해 경쟁이 심해져 마케팅에 돈을 많이 쓴다. 광고비는 어디에서 나오나? 고스란히 가입자의 보험료에서 나온다. 또 보험회사마다 운영에 필요한 경비가 상당하다. 가입자를 유치하는 보험설계사를 위한 인건비, 보험금을 지급해줘도 되는지 심사하는 데 드는 비용, 보험회사 빌딩과 같은 시설 운영비 등에 지출하는 비용이 모두 가입자가 낸 보험료에서 지출된다. 어느 나라든지 보험회사는 고층빌딩을 소유하고 있는데, 그것 역시 가입자의 보험료로 구입한 것이다.

마지막으로 가장 핵심적인 이유는 영리 민간 보험회사는 이익을 남겨야 하기 때문이다. 주주에게 배당금도 주고, 세금도 내고, 이윤도 남기려면 수익이 필요하다. 미국 상위 5개사의 2010년 순이익은 무려 117억 달러(약 13조 원)였다.

민간 의료보험회사의 과다한 관리비용은 의료비 상승을 유발하는 주범이다. 민간 의료보험의 행정관리비용을 공공보험 수준으로만 낮추어도 4천억 달러(약 440조 원)를 절약할 수 있다.

민간 의료보험료가 비싸다 보니 5,000만 명이 보험에 가입하지 못하고 있다. 2,500만 명은 보험에 가입하고도 보험 보장률이 낮은 부실보험에 가입하고 있다. 무보험자일수록 의료 이용이 필요한데도 높은 의료비 때문에 병원에 가지 못하는 경우가 많다. 무보험자의 68%, 부실보험 가입자의 53%가 아파도 병원에 가지 못한 경험이 1번 이상 있다고 한다.

무보험 문제는 미국인의 건강에 심각한 영향을 미치고 있다. 미국은 최첨단 의료기술이 발달했음에도 불구하고 값비싼 의료비 문제로 인해 건강수준이 형편없는 실정이다. 하버드 대학의 연구에 의하면 미국에서는 보험이 없어서 1년에 무려 4만 5,000명이 사망하고 있다. 고혈압이나 당뇨병과 같은 질병을 잘 관리하지 못하면 합병증이 일찍 오게 되고, 조기 사망을 초래하는데, 보험이 없어 제대로 의료 이용을 하지 못한 결과인 것이다.

미국 국민들도 미국의 민간 의료보험제도가 세계 최악임을 잘 알고 있다. OECD 국가 중 유일하게 전 국민 의료보장제도가 없다 보니 보편적 공적 의료보험제도에 대한 미국인의 지지가 상당히 높다. 2003년 〈워싱턴포스트〉와 〈ABC 뉴스〉의 여론 조사에 의하면 무려 62%가 지지하였다. 반면 32%만이 현행 민간 의료보험제도를 지지하였다. 그런데도 보편적 의료보장제도를 도입하는 것이 쉽지 않다. 클린턴 행정부와 오바마 행정부에서 공적 의료보장제도를 도입하려는 시도를 했지만 번번이 무산되었다. 이미 시장에 거대한 이익단체로서 민간 보험사들이 자리 잡고 있어 이들의 영향력이 막강하기 때문이다. 일단 시장화가 되면 다시 되돌리기가 매우 어렵다. 이미 시장에서 이익집단이 형성되어 강력하게 저항하기 때문이다. 미국은 우리의 보건의료제도 개혁에 있어 의미심장한 시사점을 제공한다.

# 미국은
# 약값도 비싸다

미국의 의료비가 천문학적으로 상승하는 데는 약값도 한몫을 한다. 미국은 전체 의료비의 약 12%를 약제비로 사용한다. 2009년도 전체 의료비 2조 5,000억 달러 중 3,000억 달러를 약값으로 지출하니 우리 돈으로 환산하면 330조 원에 이른다. 같은 해 우리나라 약제비가 17조 원이었음을 감안하면, 그 규모를 짐작할 수 있다.

전 세계 의약품 시장은 대략 8,000억 달러 정도다. 미국의 의약품 시장 규모는 전 세계 시장의 35%로 세계에서 가장 크다. 이는 유럽 전체를 합친 것보다 훨씬 큰 규모이다. 미국에는 내로라하는 다국적 제약회사들이 집결해 있다.

의약품은 모두 영리 제약회사에 의해 생산 판매된다. 가장 대표적인 미국 제약회사는 화이자인데, 이 회사가 2009년 전 세계에서 벌어들인 매출이 500억 달러였다. 화이자의 대표적인 약물은 고지혈증 치료제로 처방되는 '리피토' 이다. 리피토는 한 해에만 114억 달러어치가 전 세계에서 처방된다. 화이자 매출의 25%를 차지하는 효자 상품이다. 화이자가 개발한 일개 의약품의 매출이 우리나라 전체 약제비 지출의 75%를 차지할 정도이다.

제약회사의 수익성은 놀라울 정도이다. 제약 산업은 모든 산업 분야에서 가장 이윤률이 높은 업종이다. 제약회사의 매출액 대비 수익성은 무려 15~20%에 이른다. 2002년 〈포춘〉지가 꼽은 세계 500대 기업의 평균 이익률인 3.1%의 5배가 넘는다. 포춘 500대 기업에 오른 10대 제약회사의 순이익(359억 달러)이 나머지 490개 기업 순이익의 합(337억 달러)을 넘어서기도 했다.

제약회사는 막대한 이윤을 새로운 약을 개발하는 데 많이 투자한다고 하지만, 실제로 제약회사가 신약 개발에 쓰는 돈은 그리 많지 않다. 가장

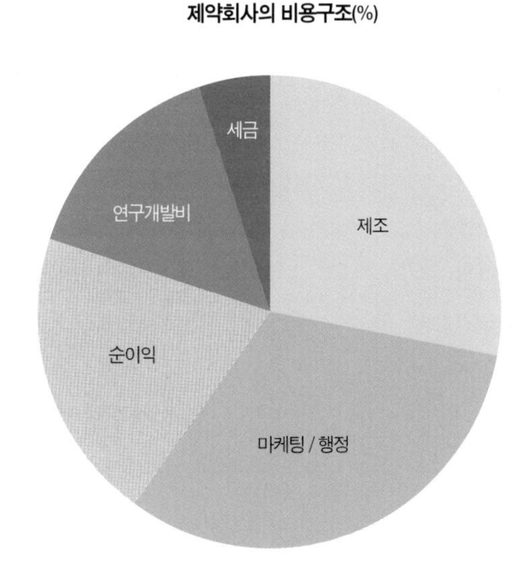

큰 지출을 차지하는 것은 바로 마케팅과 광고다. 신약 개발비는 고작 13%에 불과하다. 보통 제약회사는 신약 개발에 많은 비용이 들어가므로 신약값이 비싸게 책정되어야 한다고 말하지만, 거짓말이다. 약값이 비싼 이유는 신약 개발을 위한 막대한 투자 때문이 아니라, 과도한 판촉 비용과 이윤 때문이다.

미국은 유독 약값이 비싸기로 유명하다. 미국인이 동일한 약을 복용하

다국적 제약회사의 독점적 이익을 보장해주는 의약품 특허제도

제약회사의 과잉 이윤을 제도적으로 보장해주는 장치가 있다. 바로 의약품에 대한 특허제도이다. 신약에 대한 특허제도는 20년간의 독점적 가격을 보장한다. 제약회사의 천문학적 이익은 신약 개발 노력을 보상해주는 수준을 넘어 산업 평균보다 훨씬 높은 이윤을 보장해주는 제도로 전락한 지 오래다.

전 세계적으로 에이즈로 인해 300만 명이 사망하고 있다. 결핵과 말라리아로도 300만 명이 사망한다. 특허제도는 제약회사의 독점적 이윤을 보장해주지만, 그 이면에는 치료약이 있음에도 불구하고 약을 구입할 돈이 없어 수백만 명이 사망한다.

다국적 제약회사들은 20년간의 특허제도도 부족하다며 특허를 연장하려 노력한다. 한미 FTA에서도 이들의 요구가 반영되어 있다. 바로 특허허가 연계제도라는 것이다. 이 제도는 사실상 특허권을 1~2년 연장하는 효과를 가져온다. 이는 우리 건강보험의 약값 지출을 늘려 재정 압박을 가져올 것이다. 그만큼 건강보험의 보장률은 떨어질 것이다.

는 데 캐나다보다 72%가 더 비싸고, 영국보다 60%가 더 비싸다. 이 차이는 어디에서 기인하는 걸까. 이것은 미국 의료체계가 영국과 캐나다와 다르기 때문이다. 영국과 캐나다는 공공의료체계가 잘 갖추어져 있는 대표적인 나라다. 미국은 상업화된 의료체계를 갖추고 있다. 공적 의료시스템이 잘 갖추어진 나라일수록 국민의료비를 적정하게 잘 관리한다. 어떤 의료시스템을 갖추느냐가 그 나라의 의료비 규모를 결정하는 것이다.

# 오바마 민간 의료보험 개혁의 성과와 한계

2009년 미국 최초의 흑인 대통령 오바마가 당선되면서 상업화된 의료체계가 변하는 계기가 될 것이라는 기대감이 커졌다. 5천만 명에 이르는 무보험자와 천문학적인 의료비 문제를 해결할 기회가 찾아온 것이다.

오바마 대통령은 당선 이후 의료 개혁을 강력히 추진하였다. 모든 미국인이 건강보험의 혜택을 받으면서 동시에 천문학적인 의료비 지출은 줄이고, 의료서비스의 질은 향상시키는 것이 의료 개혁의 주요 목표였다.

이를 위해 의료보험에 가입하지 못한 사람들이 의료보험에 가입할 수 있도록 정부가 운영하는 공적 의료보험을 만들고자 했다. 또한 병에 걸린 사람이 민간 의료보험에 가입을 신청했을 때 민간 의료보험회사가 이를 거부하지 못하도록 하고, 민간 의료보험회사가 보험료를 마음대로 올리지 못하게 했다. 이와 더불어 저소득층에 대한 공적 의료보장인 메디케이드의 혜택을 더 많은 사람들이 받을 수 있게 했고, 값비싼 약보다는 같은 효과를 지닌 저렴한 약을 처방하도록 권장하는 정책을 통해 과중한 약값 부담을 덜어주고자 했다. 이러한 의료 개혁 정책의 핵심은 바로 공적 의료보험을 도입하는 것이었다. 공적 의료보험 도입은 과거 클린턴 행정부에서도 시도하였으나, 실패한 경험이 있다.

오바마 정부의 의료개혁법안(The Patient Protection and Affordable Care Act)은 무려 950쪽에 이르는 광범위한 내용으로 2010년 3월 23일 통과되었다. 그러나 이 법안은 오바마가 가장 중요하게 여긴 공보험 도입이 빠진 채 통과되었다. 미국의사협회와 민간 의료보험회사, 그리고 공화당을 위시한 보수진영이 공적 의료보험 도입은 미국을 사회주의화시키려는 시도라며 강력히 반대했기 때문이다. 오바마는 의료 개혁을 조금이라도 진전시키기 위해 타협을 하지 않을 수 없었다.

오바마의 의료 개혁을 위해서는 향후 10년간 약 9,380억 달러(약 1,000조 원)가 소요될 것으로 추정된다. 이를 충당하기 위해 연소득 2억 5만 달러 이상의 소득자에게 세금을 부과하고, 고가의 호화 보험(일명 캐딜락 플랜, 가족기준 2만 7,500달러 이상의 보험 상품)에 가입하는 경우 40%의 세금을 부과하여 재원을 마련하기로 하였다.

비록 공적 의료보험제도를 도입하진 못했지만, 오바마 정부의 의료 개혁은 지금껏 미국의 의료정책 중 가장 진일보한 것임에는 틀림없다. 오바마의 의료 개혁은 상당한 변화를 가져올 것으로 기대된다. 여기서는 오바마의 의료 개혁 중 민간 의료보험 개혁 내용에 대해서 간략히 소개한다.

오바마는 공적 의료보험을 도입하지는 못했지만, 주정부가 의료보험 상품거래소(National Health Insurance Exchange)를 설치하여 민간 의료보험에 가입하는 사람들에게 상품 정보를 제공해주도록 하였다. 자신이 가입하려는 민간 의료보험 상품의 보험료가 얼마인지, 혜택은 어느 정도인지 쉽게 알 수 있게 하여 좀 더 적절한 상품에 가입할 수 있게 하려는 것이었다. 의료보험 상품거래소에서 거래되는 의료보험 상품은 가입자에게 기본적으로 필요한 의료 혜택(basic benefit package)이 반드시 포함되도록 하였다. 또한 가입자가 질병이 있다는 이유로 가입 신청을 거절하거나, 가입자가 예전에 병을 앓았다는 이유를 내세워 보험금 지급을 거절하지 못하도록 했다.

그리고 민간 의료보험회사가 보험료를 과다하게 책정하거나 과도한 이익을 창출하는 데 제동을 걸었다. 바로 보험금 지급에 대한 최소 손해율 규제(Minimum Medical Loss Ratio) 정책이다. 이는 민간 의료보험회사가 거둬들인 보험료 수입 중에서 최소한 얼마만큼을 가입자에게 보험금으로 꼭 지급해야 하는지를 법적으로 정한 것이다. 나는 민간 의료보험 개혁에서 가장 중요한 지점이 여기 있다고 생각한다.

그간 민간 의료보험사의 보험료 횡포는 미국에서도 상당하였다. 다음 표에서 보듯이 민간 의료보험의 지급률은 보험회사마다 천차만별이었다. 2008년을 기준으로 보면 개인을 대상으로 하는 의료보험 지급률이 적게는 65.8%에서 86.9%로 다양하였다. 보험료로 1달러를 내면 어떤 회사는 65센트만 돌려주기도 하고 다른 회사는 87센트를 돌려주기도 하는 것이다. 어느 보험회사에 가입하였느냐에 따라 돌려받는 혜택에 상당한 차이가 있다.

그동안 미국의 의료와 관련된 법안은 연방정부가 아닌 주정부 차원에서 규제가 이루어지고 있었다. 일부 주에서는 의료보험의 최소 손해율 규제를 부분적으로 시행하고 있었다. 개인별로 가입하는 민간 의료보험의 손해율을 뉴욕 주는 80%로 정한 반면, 매릴랜드 주는 60%로 규제하였다. 이처럼 주마다 제각각이었다. 물론 3분의 2는 아무런 규제를 두지 않고 있었다.

**6대 영리 의료보험회사의 손해율(Medical Loss Ratio)**

| | 개별가입 보험 | | 단체가입 보험(100인이하) | | 단체가입보험(100인이상) | |
|---|---|---|---|---|---|---|
| | 2008 | 2009 | 2008 | 2009 | 2008 | 2009 |
| Aetna | 73.9 | 75.7 | 82.0 | 84.2 | 82.0 | 87.2 |
| CIGNA | 86.9 | 88.1 | - | 92.1 | 87.2 | 85.2 |
| Coventry | 65.8 | 71.9 | 79.1 | 78.2 | 82.7 | 86.0 |
| Humana | 71.9 | 68.1 | 77.2 | 80.0 | 82.4 | 88.2 |
| UnitedHelath | 70.3 | 70.5 | 78.7 | 81.1 | 83.5 | 83.3 |
| WellPoint | 73.1 | 74.9 | 79.0 | 81.2 | 85.2 | 84.9 |
| 전체 | 72.5 | 73.6 | 79.7 | 81.2 | 83.9 | 85.1 |

이렇게 주에 따라 천차만별이던 민영 의료보험의 손해율을 연방정부 차원에서 일괄 규제하였다. 대규모 집단보험은 85%, 소규모 및 개인 대상의 보험은 80%가 되도록 손해율을 규정한 것이다. 만일 손해율이 그 이하일 경우에는 가입자에게 보험료를 환불(rebate)해주도록 법에 명시하였다. 이는 보험회사가 더 많은 이익을 남기려고 임의로 보험료를 인상하는 행위를 막는 효과가 있다.

미국 정부기관의 조사에 의하면 최소 손해율 규정으로 인해 2011년에

13억 달러, 우리 돈으로 1조 4,000억 원을 보험회사가 가입자에게 돌려주어야 할 것으로 추정하였다.

미국의 보험회사 손해율 규제는 우리에게도 의미가 크다. 앞에서 분석하였듯이 우리나라 민간 의료보험의 지급률은 형편없이 낮다. 현행 보험업법에는 보험사의 손해율을 규정하는 어떠한 장치도 없다. 그러다 보니 보험회사가 제멋대로 보험료를 책정하고 있어 가입자 입장에서 내가 내는 보험료가 적당한지 아닌지를 알 수 있는 정보가 없다.

만일 미국처럼 민간보험에 적용하는 손해율을 80% 정도로 일괄적으로 규제한다면 보험사가 얼마를 환급해 주어야 할까? 앞에서 나는 민간 의료보험 규모 중 저축성 성격을 뺀 보장성 부문의 지급률이 기껏 40~50% 정도

호화보험(cadillac plan)

호화보험이란 보험료가 매우 비싼 의료보험을 말한다. 'cadillac'은 미국인의 사치를 의미하는 캐딜락 자동차에서 유래된 용어다. 캐딜락보험은 보험료가 비싼 대신에 의료기관을 이용할 때 본인부담이 거의 없다. 값비싼 보험료 대신에 본인부담이 없어 이 보험에 가입한 부자들이 일반 보험에 가입한 중산층보다 의료서비스를 남용한다는 문제가 제기되기도 했다.

그에 따라 오바마 의료 개혁은 개인이 연당 보험료 1만 200달러, 가구당 2만 7,500달러 이상의 보험에 가입하는 경우 초과분에 대해 40%의 세금을 부과하기로 하였다. 그 재원으로 의료 개혁에 소요되는 재원의 일부를 충당하기로 한 것이다.

밖에 안 된다고 분석한 바 있다. 만일 보장성 부문의 지급률을 80% 정도로 규제한다면, 아마 보험회사는 4조 원 정도를 가입자에게 돌려주어야 할 것이다.

## 그래도 보험회사에 대한 관리는 우리보다 낫다

미국은 메디케어라는 공적 의료보험 제도를 운영하고 있다. 메디케어는 65세 이상 노인과 장애인을 대상으로 연방정부가 제공해주는 건강보험이다. 정부가 책임지는 공적 의료보험이지만 메디케어의 적용을 받는 환자들의 본인부담은 상당하다. 2004년 기준으로 메디케어 가입자 1인당 의료비용은 1만 2,763달러에 이르는데, 이 중 메디케어가 부담하는 비율은 47%에 불과하다. 메디케어가 노인 등 가입자의 의료비 부담을 충분히 덜어주지 못하는 것이다.

2010년에 메디케어는 입원서비스를 이용하여 발생한 의료비에 대해 1,132달러까지는 환자가 전액 부담하도록 하며 입원 기간이 60일을 넘어가면 입원 1일당 283달러를 환자가 내도록 하고 있다. 외래 진료비의 경우에도 1년에 162달러까지는 환자가 전액 부담하고 그 이상의 의료비에 대해서는 20%를 환자가 내게 하고 있다. 특히 환자가 진료를 받고 의료기관에 직접 내는 돈인 본인부담금에 상한선이 없다. 입원 기간이 길어지거나 의료 이용이 많아질 경우 상당한 경제적 부담을 떠안을 수밖에 없다. 따라서 메디케어 가입자들 중에 과중한 본인 부담을 줄이려는 사람들은 본인 부담금을 실비로 보상해주는 의료보험에 추가로 가입하기도 한다. 메디케어의 본인 부담에 대한 실비보상 의료보험이 메디갭(Medigap)이다.

메디갭에 대한 미국 정부의 규제를 보면, 실손형 민간 의료보험에 대한 관리 수준이 우리나라보다 훨씬 높다는 것을 알 수 있다. 메디갭은 민간 의료보험회사가 운영하지만 소비자를 보호하기 위해 메디케어 보충보험법(Medicare supplemental Act)으로 엄격한 규제를 시행하고 있다.

먼저 민간 의료보험회사는 가입을 원하는 사람의 보험 가입을 거부할 수 없다. 메디케어 가입자라면 누구든지 보험회사로부터 거부당하지 않고 보험에 가입할 권리가 보장된다. 기존에 앓았던 병이 있다고 해서 보험금 지급을 거부할 수도 없다. 반면 우리나라 민간 의료보험은 대개 병이 있는 사람의 가입을 거부한다. 한마디로 민간 의료보험사를 배불려 줄 보험료만 내고 병원에 안 갈 사람만 보험에 가입시키는 셈이다.

둘째, 질병을 이유로 보험료를 차별하거나, 보험사 마음대로 보험료를 결정하지 못한다. 우리나라 민간 의료보험은 건강 상태에 따라 보험료를 차등하거나, 할증 혹은 할인해주는 경우가 많다. 미국의 보충형 민간보험은 건강 상태에 따라 보험료를 차별하지 못하게 하고 있으며, 성별과 나이로 보험료를 결정하도록 되어 있다.

셋째, 보충형 보험의 지급률(손해율)을 엄격히 규제하고 있다. 이를 최소 지급률(minimum Medical Loss Ratio)이라고 한다. 지급률의 하한을 설정하여 일정 수준 이상의 지급률을 유지하도록 하는 것이다. 메디케어 보충법에 의하면 단체를 대상으로 판매한 메디갭은 75%를 최소 지급률로 규제하고 있으며, 개인을 대상으로 판매한 메디갭의 경우에는 65%를 유지하도록 하고 있다. 최소 손해율 아래로 떨어질 경우에는 가입자에게 환급(rebate)해 주어야 한다. 이런 규정이 없을 경우 보험회사의 영리 추구가 심해져 손해율이 급격히 하락하여 보험가입자가 피해를 볼 수 있다.

미국식 실손형 보험이라 할 수 있는 메디갭에 대한 정책을 보면, 우리와는 너무도 큰 차이가 있음을 알 수 있다. 우리나라는 민간 의료보험에 대한 규제를 할 수 있는 법이 따로 없다. 오로지 보험업법의 규제 하에 있을 뿐이다. 그러다 보니 민간 의료보험의 횡포가 심한데도 제대로 된 규제가 이루어지지 않고 있다. 그간 시민사회단체에서는 '민영의료보험법' 이라고 하여 민간 의료보험을 관리감독하고, 가입자를 보호하기 위한 법안을 추진하였다. 하지만 보험업계가 강력하게 반대하고 정부도 전혀 의지가 없어 추진되지 못하고 있는 실정이다. 이를 보면 우리나라의 실손보험을 위시한 민간 의료보험이 가입자를 우롱하고 있고, 금융감독원을 위시한 정부당국이 보험 소비자를 보호하는 일에 손 놓고 있음을 알 수가 있다.

4장

# 국민건강보험 VS 민간의료보험 우리는 지금 선택의 기로에 서 있다

# 누가 우리의 건강을 지켜줄 것인가

국민건강보험이 국민들의 의료비 고통을 충분히 덜어주지 못하는 상황에서 국민들은 민간 의료보험에 의지해서 병원비 부담을 해결할 수밖에 없었다. 그러나 민간 의료보험의 형편없는 지급률, 과중한 보험료 부담, 각종 차별과 횡포를 들여다보면 기대와는 달리 더 큰 부담과 좌절을 안겨줄 것이 확실해 보인다. 반쪽짜리 국민건강보험이 민간 의료보험이라는 큰 괴물을 키운 것이다.

이제는 민간 의료보험이 국민건강보험을 집어삼키려 하고 있다. 지금의 건강보험과 민간 의료보험의 공존은 매우 위태롭다. 균형추가 점차 민간 의료보험 쪽으로 기울어지고 있는 것으로 보인다. 이명박 정부가 균형추를 민간 의료보험 쪽으로 돌리고자 무진장 애를 썼다는 것은 누구나 다 알고 있다.

우리는 지금 선택의 기로에 서 있다. 과중한 의료비 부담을 어떻게 해결할 것인가. 국민건강보험에 재원을 더 투자해 국민건강보험으로 모든 병원비를 해결할 것인가, 아니면 점차 확장되고 있는 민간 의료보험으로 개인들이 알아서 해결할 것인가. 2011년 보험연구원은 보험 소비자 설문조사에서 다음과 같은 설문을 하였다.

현재 국민건강보험의 보장성은 약 60%입니다. 이러한 국민건강보험의 보장성을 확대할 경우 재원 마련을 위해 보험료 인상이 예상됩니다. OO님께서는 국민건강보험의 보장 확대 방안과 관련하여 다음 중 어느 방안을 선호하십니까?

① 보험료 인상이 있더라도 국민건강보험의 보장성을 확대
② 현재 수준을 유지하고 필요하다면 민영 의료보험에 가입하여 개별적으로 해결
③ 국민건강보험의 보장성을 더 낮추어 보험료를 인하하고 개별적으로 의료비를 해결

이런 방식은 사실 균형감각을 상실한 편향된 질문이라 할 수 있다. 일반적으로 보험료 인상은 부정적 이미지를 갖는다. 잣대를 균형 있게 사용하지 않으면 잘못된 조사결과가 나오게 된다. '보험료를 인상해서 건강보험의 보장성을 확대할래, 아니면 개별적으로 민간 의료보험으로 해결할래?' 라고 묻는 것은 다분히 특정 답변을 유도하는 설문조사라 할 수 있다. 개별적으로 의료비를 해결하려면 민간 의료보험 보험료의 인상이 필요하기 때

문이다.

질문 문항을 어떻게 구성하든 결국엔 세 가지 선택밖에 없다는 데 대해서는 동의한다. 첫째, 건강보험으로 모든 병원비를 해결한다. 둘째, 지금 이대로 간다. 셋째, 건강보험 대신 민간 의료보험으로 해결한다.

핵심은 재원을 어디에 쏟아 넣을 것인가에 있다. 국민들의 편익을 최대화할 수 있는 선택은 무엇일까. 국민들은 이렇게 답했다. 43%가 보험료를 올리더라도 건강보험으로 모든 병원비를 해결하는 것이 좋다고 답하였고, 45%는 현상유지를, 나머지 11%는 건강보험이 아니라 민간 의료보험으로 개별적으로 해결하는 것이 좋다고 대답했다.

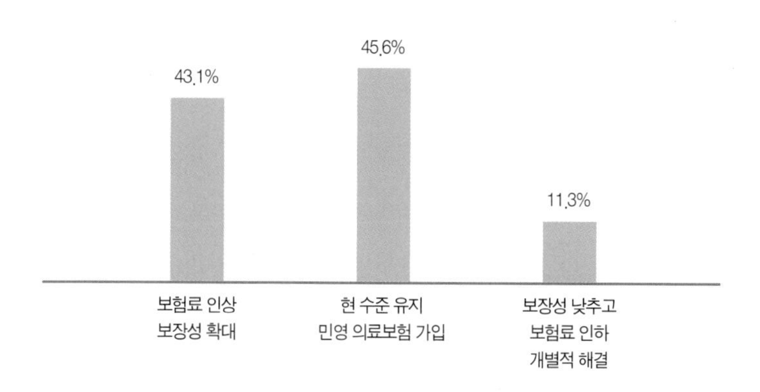


나는 개인적으로 이런 결과를 매우 고무적으로 판단한다. 절반에 가까운 국민이 추가 부담을 하더라도 건강보험이 제 역할을 해주었으면 좋겠다는 생각을 갖고 있는 것이다.

지금까지 이 책을 읽은 독자라면, 처음에는 생각이 달랐더라도 지금쯤은 첫 번째 대답으로 생각이 바뀌지 않았을까 하는 기대를 해본다.

지금까지 건강보험의 우수성에 대해 제대로 알려준 적이 거의 없다. 반면에 민간 의료보험이 좋다는 얘기는 안 들어본 사람이 없을 정도이다. 가족이나 친구 중 보험설계사가 없는 집이 없을 정도이니 더욱 그럴 것이다.

지금의 건강보험은 매우 위태로운 상황이다. 건강보험의 보장률은 가까스로 60% 정도를 유지하고 있지만, 언제 무너질지 모른다. 지금의 불안정한 국민건강보험으로 인해 민간 의료보험은 거침없이 확대되고 있다. 규모에 있어서도 국민건강보험의 재정을 넘어선 상태이고, 더 성장하기 위해 건강보험 영역마저 넘보려 할 것이기 때문이다.

유럽의 경우 민간 의료보험은 탄탄한 공적 의료보장제도를 기초로 틈새시장에서 그 영역을 찾고 있다. 하지만 우리는 취약한 건강보험이라는 조건 속에서 민간 의료보험이 성장하고 있다. 우리에게 건강보험과 민간 의료보험은 '제로섬' 게임과 같은 관계이다. 최근 실손형 민간 의료보험의 급성장을 보면 이를 알 수 있다. 건강보험의 보장 영역이 줄어드는 만큼 실손보험 영역이 커지고 있으니 말이다. 만일 건강보험의 보장률이 급격하게 올라가면 실손보험 가입자는 급격히 줄어들 것이다.

어찌되었든 민간 의료보험은 재정 규모 면에서도 건강보험에 육박할 정도로 성장했다. 더욱이 그간 정부는 건강보험의 확대 강화보다는 건강보험의 미흡한 부분을 민간 의료보험으로 해결하도록 하는 정책을 펴왔으며, 최근 이명박 정부는 한발 더 나아가 당연지정제 폐지, 영리병원 도입과 같은 의료 민영화 정책을 추진하려 하고 있다. 이런 정책은 국민건강보험의 지위를 약화시켜 민간 의료보험이 더욱 활성화되는 조건을 제공해준다. 취약한 건강보험을 이대로 놔두면 점차 세 번째로 기울게 될 것이다.

현재 시민사회단체와 진보적이고 개혁적인 정치세력은 민간 의료보험이 아니라 건강보험 하나로 모든 병원비를 해결하자는 운동을 펼치고 있다. 내가 몸담고 있는 '건강보험 하나로 시민회의'가 이 운동을 주도하고 있다. 정치권에서도 보편적 복지의 시대적 흐름을 점차 수용하려는 모습을 보이고 있다. 인간다운 삶을 누리는 데 필수적인 요소, 즉 교육, 의료, 보육, 노후, 주거 등 보편적 복지에 대한 사회적 요구가 커지고 있기 때문이다.

우리는 건강보험이냐, 민간 의료보험이냐 하는 선택의 기로에 놓여 있다. 우리의 건강을 국민건강보험에 맡길 것인지, 아니면 민간 의료보험에 맡길 것인지 선택해야 한다. 그 선택은 정치에 의해 결정된다. 권력을 쥐게 될 정치세력이 국민의 살림살이를 나아지게 할 사람들인지, 보험회사의 배를 불려주려는 사람들인지에 따라 정책이 달라진다. 어떤 정치세력에게 권력을 줄 것인지는 국민들이 결정한다는 것을 잊지 말자.

# 민간 의료보험,<br>정작 필요할 때는 외면한다

건강보험은 민간 의료보험과는 전혀 다른 운영 원리에 의해 운영된다. 보험의 기본적인 운영 원리는 위험분산(risk pooling) 효과이다. 위험분산이란 개인의 위험을 다수가 나눠가짐으로써 개인이 감당해야 할 위험의 크기를 줄이는 것을 의미한다. 위험분산을 목적으로 하는 보험 방식은 크게 사회보험 방식과 민간보험 방식으로 나눌 수 있다.

사회보험 방식은 운영 주체가 국가나 공공단체이며, 구성원 전체가 의무적으로 가입하도록 하여 위험을 분산하며 재원 마련 방법으로 사회연대성을 강조한다. 재원은 보험료를 걷거나 세금으로 마련하게 되는데, 개인이 병에 걸릴 위험에 따라 부과하는 방식이 아니라 소득에 따라 부과한다. 건강보험에서 보험료를 걷을 때는 나이가 많든 적든 따지지 않고, 질병의 유무도 따지지 않는다. 소득이 많으면 많은 금액을, 적으면 적은 금액을 부담한다. 능력만큼 부담하는 대신에 혜택은 필요한 만큼 가져간다. 아이, 노인, 장애인, 주부 등 소득이 없더라도 사회구성원이라면 누구나 혜택을 볼 수 있다.

또한 사회보험에 필요한 재원은 소득이 있는 가입자뿐만 아니라 사업주와 국가가 추가로 부담해준다. 사업주는 직장가입자가 부담해야 할 보험료의 절반을 부담해주며, 국가는 지역가입자 분의 절반을 부담해준다.

사회보험 방식은 소득 재분배 효과가 있다. 재원 부담은 능력의 크기대로 하는 반면, 혜택은 재원 부담 정도에 관계없이 누리기 때문이다. 소득 재분배 과정은 소득이 높은 계층에서 낮은 계층으로, 소득이 있는 근로계층에서 소득이 없는 노인, 아이와 같은 비근로 계층으로, 건강 위험이 적은 사람에서 높은 사람으로 소득이 이전되는 효과가 있다. 한 가족으로 생각해보면, 가장이 보험료를 부담하고 그 혜택은 주로 아이들이나 연로하신 부모님이 누리는 것과 같은 원리이다.

사회보험 방식은 소득 재분배 효과를 위해 의무가입 방식을 취하고 있다. 만일 가입하고 싶은 사람만 가입하도록 한다면, 보험료 부담이 큰 고소득층의 경우 가입을 거부할 수 있기 때문이다. 더 큰 문제는 건강보험 재원의 절반 이상을 부담하고 있는 사업주나 국가의 부담을 강제할 수 없다.

대체로 젊고 건강하며 높은 소득이 있는 근로계층의 경우, 건강보험에 대해 불신하는 경향이 있다. 건강보험료는 월급명세서에서 꼬박꼬박 세금처럼 공제되는데 정작 자신은 병원에 거의 가지 않아 건강보험료가 낭비인 것처럼 느낄 수 있다. 대신 암보험이나 실손형 보험의 보험료가 오히려 저렴하게 느껴지기도 한다.

하지만 조금만 더 생각해보면 그렇지 않음을 알 수 있다. 가장이 보험료를 소득에 따라 부담하기에 내 자녀들과 부모가 추가 부담 없이도 건강보험의 혜택을 누린다. 또한 은퇴해서 소득이 없더라도 자식 세대가 부담해주기에 노인들이 혜택을 볼 수 있다.

반면에 민간 보험은 사회보험의 운영 원리와는 전혀 다른 방식으로 운영된다. 민간 보험의 기본 원리는 임의 가입 방식과 위험률에 비례하는 보험료 부과 방식이다.

예를 들어 질병은 연령이 증가할수록 급격히 증가한다. 어떤 직업은 다른 직업에 비해 사고 위험이 높기도 하다. 사보험은 위험이 높은 경우에는 그만큼 높은 보험료를 부과하며, 위험이 낮은 경우에는 낮은 보험료를 부과한다. 만일 높은 위험이 있는데 낮은 위험을 가진 사람과 동일하게 보험료를 부과한다면 공평하지 않다고 여긴다. 이런 논리에 따라 보험회사는 보험 가입 시에 가입자의 위험을 평가하며, 그것에 따라 보험료를 차등 부과한다. 위험이 너무 높은 경우에는 가입을 거부하기도 한다.

또한 건강보험이 의무 가입 방식인 반면, 민간 보험은 임의 가입 방식을 취한다. 이것은 시장에서 상호 계약에 의한 것이므로 가입 유무를 선택할 수 있다. 보험회사 역시 가입을 거절할 수 있다. 그러다 보니 사회보험처럼 소득에 따라 보험료를 부과하도록 법적으로 강제하는 것이 원천적으로 불가능하다.

민간 보험이 위험에 따라 보험료를 부과하는 것은 건강을 기준으로 사람을 차별하는 것이다. 건강하면 보험료가 싸게 매겨지고, 건강이 나쁘거나 향후 나쁠 가능성이 크다고 판단되면 보험료가 비싸게 매겨지는 것이다. 내 보험료가 비싸다는 것은 내 건강이 좋지 않을 가능성이 크다는 것을 의미한다.

이러한 부과 방식은 부당하다. 개인이 가진 위험은 개인이 선택한 결과와 무관한 경우가 많다. 위험한 직업에 종사하는 사람에게 그 직업을 선택한 책임을 물을 수는 없다. 고혈압이나 당뇨병이 발생하면 사망이나 질환의 위험이 높아지는데, 그것을 어떻게 전적으로 개인의 책임으로 돌릴 수 있을 것인가. 10세 미만의 소아는 학동기 아이들보다 훨씬 병치레를 많이 한다. 그것은 개인의 책임이 아니라 면역력이 미성숙해서 잦은 감염에 걸리는 것일 뿐이다. 일반적으로 의료비 지출은 연령의 증가와 가장 큰 상관관계를 가진다. 40대 남성의 암 발생 위험과 60대 남성의 암 발생 위험은 10배가량 차이가 난다. 나이 먹는 것이 나이 든 사람의 책임은 아니지 않은가.

민간 보험이 개인위험률에 따라 보험료를 부과하는 방식은 일면 합리적인 것 같지만, 전혀 그렇지 않다. 가장 큰 문제는 노인층에 대한 문제이다. 노인들은 질병의 발생 위험이 높아 보험에 가입하려면 많은 보험료를 내야 한다. 문제는 노인들의 경우 대부분 소득이 없다는 점이다. 노후에 소득은 없는데 높은 보험료를 부담하라는 것이 과연 '공평' 한 것일까. 돈이 없으면 보험을 살 수가 없고, 설령 보험을 사려 해도 건강 위험 요인이 많으면 보험 가입을 거절당하는 것이 정당한가 말이다.

그것이 우리 사회가 가야 할 '정의' 의 길이라고 보기 어렵다. 나는 민간 의료보험이 돈과 개인 위험에 따라 사람을 차별한다고 생각한다.

# 국민건강보험,
# 부담보다 혜택이 크다

건강보험의 소득 재분배 효과가 얼마나 탁월한지를 구체적으로 살펴보자. 다음에 나오는 자료는 매년 국민건강보험공단이 건강보험의 소득 재분배 효과를 분석해 공개하고 있는 자료다.

2008년 직장가입자의 하위 소득 5%에 해당하는 사람들은 1인당 월 평균 보험료로 7,900원을 부담하였고, 최상위 계층 5%의 월 평균 보험료는 7만 4,000원으로 약 10배 차이가 난다. 반면 건강보험 급여비 혜택은 최하위층은 3만 9,700원, 최상위층은 5만 3,600원으로 차이가 크지 않았다.

부담한 보험료와 돌아온 급여비 혜택을 비교할 때, 직장가입자는 상위 5%를 제외하면 부담한 보험료보다 급여 혜택이 훨씬 크다. 지역가입자의 경우도 상위 20%를 제외하면 보험료 부담보다 급여 혜택이 크다. 즉, 건강보험은 상위 10% 정도를 제외하면 모든 가입자에게 유리하게 설계되어 있다.

**2008 보험료 대비 건강보험 급여(직장, 본인부담 제외)**

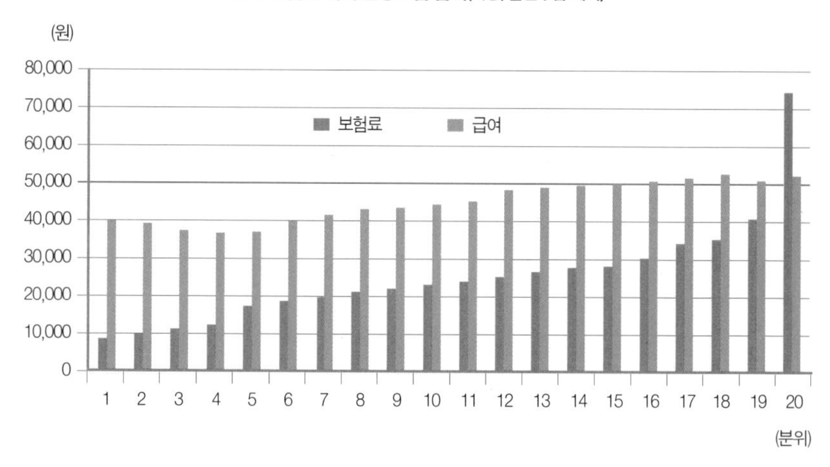


이것이 가능한 이유는 건강보험의 독특한 재원 마련 방식 때문이다. 사업주는 직장가입자의 건강보험료 중 절반을 부담해준다. 2008년 기준으로 건강보험의 보험료율은 5.08%인데, 그중 절반은 고용주가 부담을 해준다. 지역가입자의 경우는 이론적으로 그 절반을 국가가 부담해주도록 설계되었는데, 직장과 지역이 통합돼 국민건강보험으로 명칭이 개정된 이후 전체 예상 보험료 수입의 20%를 국고로 지원해주고 있다.

이 자료를 보고 의아해할 수도 있다. 건강보험료를 내는 직장인의 경우, 대체로 의료 이용이 적은데 어떻게 이런 수치가 나올까 궁금할 것이다. 원인은 피부양자 때문이다. 내가 부담하는 보험료로 나만 그 혜택을 누리는 것이 아니다. 아이들, 부모님이 그 혜택을 주로 누린다.

하지만 건강보험의 탁월한 사회연대 효과는 아직 그 빛을 제대로 발하지 못하고 있다. 왜냐하면 건강보험이 포괄하지 못하는 의료비가 상당하기 때문이다. 건강보험의 보장률이 낮다는 의미이다. 2008년 기준으로 건강보험의 보장률은 62.2%였다. 38%는 환자가 직접 부담해야 한다. 본인부담금은 건강보험의 운영 원리가 적용되지 않는다. 소득이 많든 적든 상관없이 의료 이용 시에 본인이 부담해야 한다. 암과 같은 중병에 걸리면 보통 1천만 원 내외의 본인부담금이 발생한다. 이 비용은 부자든 가난하든 상관없이 부담해야 한다. 소득 수준이 낮은 경우에는 가계에 부담이 상당하다.

아래 그래프는 건강보험의 보장률을 감안하여 본인부담금을 포함한 실제 의료비 부담을 계산하여 재구성한 그래프이다. 여기에서는 일률적으로 보장률이 62%라고 가정하고, 나머지 38%의 본인부담금을 반영하였다. 예를 들어 최하위 5%가 보험료를 7,900원 부담하였다고 하면, 나머지는 본인부담금으로 계산하였다. 즉, 최하위 5%는 3만 9,700원의 급여 혜택을 보았지만, 전체 진료비의 62%만 보장해준 것이므로 나머지 38%인 2만 4,100원이 본인부담금으로 발생한 것이다.

이런 방식으로 다시 계산하면  최하위 5%의 의료비(보험료+ 본인부담)는

**2008년 보험료+본인부담금 대비 건강보험 급여(직장)**

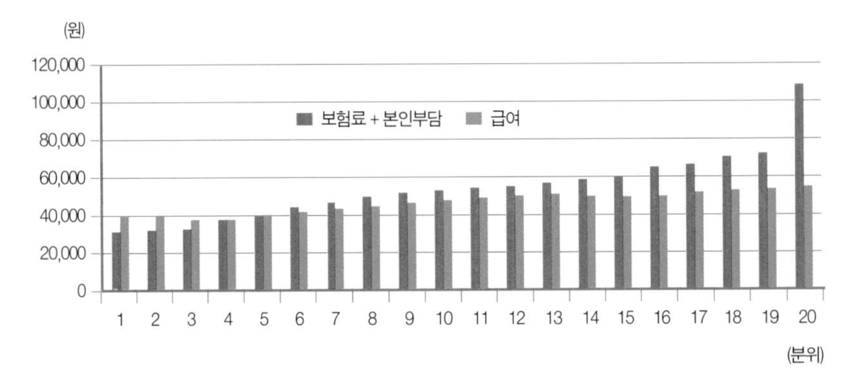

1인당 평균 3만 2,000원(7,900원+24,100원)이며 건강보험의 급여 혜택은 3만 9,700원인 셈이다.

앞의 그래프를 보면 현재 건강보험의 사회연대 효과가 상당히 반감되고 있음을 알 수가 있다. 제도 설계는 우수하나 그 효과가 제대로 나타나지 않는 이유는 낮은 보장률 때문이다. 만일 건강보험의 재원을 대폭 확충하여 모든 병원비를 건강보험 하나로 해결할 수 있다면, 매우 우수한 소득 재분배 효과를 발휘할 것이다.

건강보험과는 달리 민간 의료보험은 이러한 효과가 전혀 나타나지 않는다. 오히려 소득 역진적이라 할 수 있다. 민간 의료보험의 보험료 부과는 소득과 무관하게 개인의 위험률을 바탕으로 부과한다. 그러다 보니 소득 재분배 효과란 애초부터 기대할 수가 없다. 오히려 사회양극화를 조장한다. 고소득층은 중병에 걸려 높은 병원비가 발생되더라도 민간 의료보험으로 일정 부분 해결이 가능하지만, 값비싼 민간 의료보험에 가입하지 못한 저소득층은 오히려 치료받을 기회를 놓칠 확률이 높기 때문이다. 앞에서 본 미국 무보험자의 사례를 상기하시라.

# 건강보험의
# 소득 재분배 효과

전 세계적으로 신자유주의 물결이 거세짐에 따라 그 부작용이 심각하게 나타나고 있다. 대표적인 것이 사회 양극화다. 사회 양극화는 사회 모든 영역에서 나타나고 있다. 특히 심각한 것이 소득의 양극화다.

이런 상황에서 정부 정책은 사회 양극화로 인한 부작용을 최소화하는 역할을 해야 한다. 그런데 현 정부는 그런 노력은커녕 오히려 사회 양극화를 조장하는 정책을 시행해왔다. 감세정책, 의료 민영화 정책이 대표적이다.

다음에 나오는 표는 경상대학 장상환 교수의 논문인 〈조세재정정책의 소득 재분배 효과 분석〉을 요약하여 표로 만든 것이다. 국가 차원의 소득 재분배 정책은 조세정책과 재정지출정책을 통해 발생한다. 사회 양극화를 해소하고 격차를 줄이기 위한 조세정책은 부자에게 세금을 더 걷고, 빈자에게 덜 걷는 것이다. 즉 소득에 누진적인 직접세를 더 걷어야 한다. 그런데 엉뚱하게도 현 정부는 정반대의 정책을 펼쳤다.

**조세 · 재정지출 항목별 소득 재분배 효과**

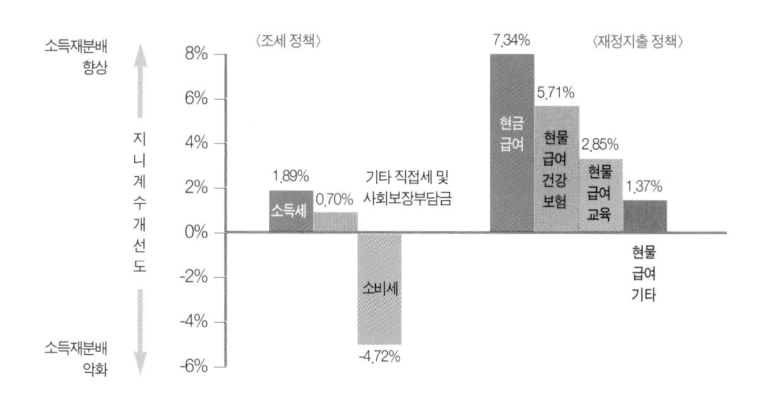


또 사회 격차를 줄이기 위한 재정지출정책도 중요한데, 소득 재분배 효과가 탁월한 정책은 현금급여 정책과 건강보험, 교육 등의 현물급여 정책을 확대하는 것이다. 장상환 교수의 연구에 의하면, 2008년 우리나라 조세와 재정지출정책을 통한 소득 재분배 효과는 15.14%였다. 순서대로 하면 현금급여, 건강보험, 교육, 직접세, 기타 사회보장급여 순으로 나타났다. 건강보험제도는 직접세를 걷는 것보다 소득 재분배 효과가 탁월하다.

국가 전체적으로 볼 때 건강보험이 가지는 소득 재분배 효과가 매우 탁월함을 다시 확인할 수 있다. 이것이 60%에 불과한 건강보험 보장률에서 나타난 결과라는 점이 매우 중요하다. 만일 건강보험 보장률을 이보다 훨씬 높여 모든 병원비를 건강보험으로 해결하게 된다면, 그 효과는 더욱 커질 것이다.

여기서 한 가지 간과해서는 안 될 사실이 있다. 건강보험으로 받는 급여 혜택 이전에 건강보험료 부담이라는 측면만 떼놓고 보자면, 소득 재분배 효과는 약간 역진적이라는 점이다. 건강보험료는 주로 근로소득에 따라 부과하게 되어 있어 그 외에 핵심이 되는 소득, 즉 종합소득을 반영하지 못하기 때문이다. 이에 대해서는 뒤에서 자세히 다룰 것이다.

여기서는 건강보험 제도가 재정 지출이라는 측면에서 얼마나 소득 재분배 효과가 탁월한지를 보여주는 것으로 마치도록 하자.

# 민간 보험의 1만 원과 건강보험의 1만 원

암보험의 예측 지급률이 실제로는 로또나 카지노보다 못할 정도로 형편없다는 점을 다시 상기해보자. 보험회사의 지급률이 실제보다 훨씬 높게 보이는 것은 저축보험료에 의한 착시현상에 불과하다는 것도 확인하였다. 저축보험료마저 수십 년 후에 그대로 돌려주는 것과 마찬가지여서 그것조차 상당한 손해라는 것도 기억해야 한다.

민간 의료보험에 나와 우리 가족의 건강을 맡긴다는 것, 민간 의료보험으로 의료비 불안을 해결할 수 있다고 믿는 것은 온전한 착각이다. 민간 의료보험은 취약한 건강보험에서 기인한 불안을 역이용하여 자신들의 이익을 챙길 뿐, 우리 가족의 건강을 지켜주지 않는다. 설령 지금 당장은 민간보험으로 가능하다고 하더라도 언제까지 가능할 수 있을지를 생각해보라. 민간 의료보험이 우리의 몸값(보험료)을 매기는 방법을 볼 때 늙어서도 그것이 가능할지를 냉철히 따져보아야 한다.

나는 민간 의료보험 대신 건강보험 하나로 의료비를 해결해야 한다고 생각한다. 그것이 가장 합리적이라는 사실은 조금만 따져보아도 쉽게 알 수 있다. 보통 민간 의료보험의 보험료 대비 지급률이 40% 정도라고 한다면, 건강보험은 170%가 되어 돌아온다(2008년). 어떻게 100%가 넘을 수 있느냐고? 이 수치는 국민건강보험공단이 매년 건강보험의 우수성을 언급하면서 주장하는 수치이다.

건강보험공단의 2008년 전체 수입은 28조 9천억 원이고, 총 지출은 27조 5천억 원이었다. 전체 수입 중 국민(직장+지역가입자)이 낸 보험료는 15조 4천억 원이고, 나머지는 사업주와 국고지원금이다. 그리고 국민들이 돌려받은 급여 혜택은 26조 5천억 원이었다.

직장가입자든 지역가입자든 부담한 보험료보다 혜택이 훨씬 크다는 것을 알 수 있다. 이것이 민간 의료보험과는 다른 건강보험의 우수성이다. 우리가 영리 보험회사에 내는 1만 원과 건강보험에 내는 1만 원의 가치가 무려 4배나 차이가 나는 셈이다.

**2008년도 국민건강보험의 수입과 지출**

| 수입 | 지출 |
|---|---|
| 직장가입자 보험료 9.5조 원 | 직장가입자 급여 16.5조 원 |
| 지역가입자 보험료 5.9조 원 | 지역가입자 급여 10조 원 |
| 사용자 부담 보험료 9.5조 원 | 관리운영비 1조 원 |
| 국고지원금 4조 원 | 당기수지 흑자 1.4조 원 |

건강보험공단의 자료에 의하면, 직장가입자의 경우 상위 5%만이, 지역가입자의 경우는 상위 15%만이 보험료 부담이 급여 혜택보다 많았다. 즉, 나머지 대다수 국민들은 건강보험으로 더 큰 혜택을 누렸다.

그렇다면 소득 상위 계층의 경우 건강보험의 혜택보다 부담이 더 크니 다른 판단을 할 수 있다. 건강보험에서는 혜택보다 보험료를 더 많이 내므로 민간 의료보험으로 해결하는 것이 더 낫다는 판단을 할 수 있는 것이다. 여러 조사에서도 상위 10% 정도는 보험료 부담이 커서 차라리 민간 의료보험으로 모두 해결하는 것이 훨씬 낫다고 생각하는 것으로 나온다.

그런데 잘 생각해보면 결코 그렇지 않다. 직장가입자의 경우 최상위 5%는 보험료로 1인당 월 7만 4,000원을 내고, 4만 6,000원의 급여 혜택을 받았다. 자기가 낸 보험료의 72%정도만 혜택을 본 셈이다. 지역가입자 역시 마찬가지이다. 지역가입자의 최상위 5%는 보험료로 9만 원 정도를 내고, 5만 9,000원 정도의 혜택을 보았다. 대략 65%의 지급률이다. 자, 이들이 민간 의료보험에 가입한다고 치자. 많이 봐줘서 지급률이 50%라는 점을 상기한다면, 최상위 소득자에게 민간 의료보험이 더 유리하다고 보는 것은 착각이다. 자신이 부담한 건강보험료 대비 혜택이 적다고 해서 불리하다고 생각할 필요가 없다. 민간 의료보험의 지급률이 형편없다는 것을 알게 되면 고소득자에게도 국민건강보험이 민간 의료보험보다 더 낫다는 것을 알 수 있을 것이다.

그렇다면 최상위 소득자의 경우, 건강보험료가 얼마가 되어야 민간 보험이 더 유리할까? 어렵지 않게 추산할 수 있다. 2009년 보험료 대비 급여비 분석 자료에 의하면, 직장가입자의 최상위 5%가 유일하게 급여 혜택보다 보험료 부담이 더 컸다. 직장가입자의 최상위 5%는 가구당 평균 월 28만 8,000원의 건강보험료를 냈고, 22만 2,000원의 급여 혜택을 받았다. 이들이 민간 의료보험에 가입하여 같은 급여 혜택을 누리기 위해선 민간 의료보험료를 얼마나 내야 할지를 계산하면 된다. 만일 민간 의료보험의 지급률이 50%에 불과하다면, 적어도 가구당 건강보험료로 44만 원 이상을 부담하는 경우 건강보험이 민간 보험보다 더 낫다고 할 수 있다. 월 건강보험료가 44만 원이면, 월 소득 1천 5백만 원(2012년 현재 건강보험료율 2.9%)에 해당된다. 연봉이 2억 가까이 되지 않는 이상 건강보험료에 불만을 가질 필요는 없어 보인다.

# 민간 의료보험이 전면화된다면

보험연구원의 조사에 의하면 우리 국민의 10% 내외는 국민건강보험을 축소하고, 대신에 개별적인 방법으로 해결하는 것을 선호한다. 개별적 방법이란 민간 의료보험으로 의료비를 해결하는 것을 말한다. 이들은 아마도 소득수준이 매우 높은 계층에 해당할 것이다.

자, 건강보험의 보장을 축소하고 민간 의료보험으로 해결하는 방식이 전면화된다고 생각해보자. 어떤 미래가 펼쳐질까? 한번 상상해보길 바란다.

첫 번째는 건강보험이 전 국민을 포괄하는 방식이 무너지고 미국처럼 노령층만을 대상으로 하는 경우를 생각해볼 수 있다. 노령층은 소득이 없는 반면 질병에 대한 위험이 매우 높은 계층으로 시장적 의료체계가 해결할 수 없을 것이다. 미국조차 노령층에 대해서는 공적 의료보장제도인 메디케어를 할 수밖에 없는 이유가 여기에 있다. 그리고 젊은 층은 미국처럼 민간 의료보험에 가입한다.

이 방식을 택하면 현재 미국에서 나타나는 문제들이 그대로 나타날 것이다. 부담 능력이 부족한 젊은 층이나 차상위 계층에서 광범위하게 무보험층이 양산될 것이다. 또한 민간 의료보험료는 폭등할 것이고, 가계 지출 중에서 보험료가 차지하는 비중이 가장 커질 것이다. 그러다보면 의료비 부담으로 인해 파산하는 사람들이 늘어날 것이다.

두 번째 방식은 건강보험이 전 국민을 대상으로 하는 형태는 유지하되, 보장률이 현행 60%에서 50%나 40% 혹은 그 이하로 낮아지는 것이다. 본인부담금은 각자 민간 의료보험에 가입해 해결한다.

이런 방식은 사실 건강보험 보장률을 적극적으로 늘리지 않는 것만으로도 가능하다. 건강보험 보장률은 김대중 정부 들어 급격하게 상승하였고, 노무현 정부 시절 64%로 정점을 찍은 후에 다시 61%대로 감소하였다. 의료 기술이 지속적으로 발달하고 있는데 새로운 기술에 건강보험을 적용하지 않으면 급여 항목보다 비급여 항목이 많아지게 되어 점차 건강보험 보장률은 낮아지게 되어 있다.

건강보험 보장률이 하락하게 되면 비급여를 포함한 본인부담 영역을 맡고 있는 민간 의료보험의 비중이 커지게 되고, 민간 의료보험료 또한 급격히 증가할 수밖에 없다. 민간 의료보험은 개인 위험률에 의해 부과하므로 연령이 증가함에 따라 급격하게 민간 보험료가 증가할 것이다. 또한 만성질환자와 같은 고위험군의 보험 배제나 노령층의 민간 보험료 부담으로 인한 사실상의 광범위한 무보험층이 양산되리라는 것은 어렵지 않게 짐작할 수 있다.

세 번째 방식은 소득수준이 높은 상위계층에 한해 건강보험에서 탈퇴해 민간 의료보험에 가입할 수 있는 권리를 부여해주는 방식이다. 이와 같은 방식으로 보험을 운영하는 국가가 독일이다. 독일의 경우 상위 20%에게는 선택적으로 건강보험에서 탈퇴하여 민간 의료보험으로 의료비를 해결할 수 있는 권리를 부여한다. 현재 전 국민의 7% 정도가 건강보험에서 탈퇴해 민간 의료보험에 가입하고 있다.

만일 독일처럼 상위계층에게 혹은 소득과 상관없이 건강보험을 탈퇴할 수 있는 권리를 부여해준다고 하자. 아마 상당수 상위계층이 민간 의료보험을 선호할 것이다. 특히나 건강보험료 부담이 혜택보다 상대적으로 많은 상위 10%는 건강보험 탈퇴가 합리적 선택이라고 여길 가능성이 크다. 다른 한편, 소득수준이 높은 기업의 노동자들이 탈퇴할 가능성이 크다. 이는 노동자의 요구에 의해서라기보다는 기업 측이 건강보험 탈퇴와 민간 의료보험 가입을 종용할 수 있다. 왜냐하면 재벌이 소유하고 있는 민간 보험사는 민간 보험을 활성화하기 위해 계열사 직원들을 동원하려 할 것이기 때문이다.

이렇게 되면 건강보험의 재정 압박은 더 커지게 된다. 건강보험료를 상대적으로 더 많이 부담하는 상위계층이 민간 의료보험으로 이동하기 때문이다. 현재 건강보험료는 기업 부담과 국고 지원을 제외하더라도 상위 35%가 전체 재원의 60%를 담당하고 있다. 건강보험 재정이 취약해지면 가입자의 보험료 부담을 늘리거나, 보험급여 혜택을 줄일 수밖에 없다. 이렇게 되면 남아 있는 가입자 중에 상대적인 상위계층이 또다시 건강보험을 탈퇴하려고 할 것이다. 이런 과정을 통해 건강보험은 급속도로 위축될 것이다.

건강보험이 급격히 위축되고 민간 의료보험이 팽창될 때 어떤 미래가 펼쳐질지를 상상하기란 어렵지 않다. 미국이 잘 보여주고 있기 때문이다. 우리나라에서 의료 민영화가 추진될 경우 미국보다 더 나쁜 결과가 나타날 것이다.

민간 의료보험이 가지고 있는 폐해를 그나마 최소화할 수 있는 방법은 기업이 제공해주는 단체보험 형식을 취하는 것이다. 앞에서 살펴보았듯이 미국이나 유럽의 민간 의료보험은 대부분 기업이 제공해준다. 민간 보험료가 비싸긴 해도 사업주가 보험료의 70% 안팎을 부담해준다. 우리나라 국민건강보험에서 사업주가 50%를 부담해주는 것보다 더 많이 부담해준다.

단체보험 형식의 민간 의료보험은 개인이 가입하는 민간 의료보험에 비해 장점을 가지고 있다. 우선 피부양자가 그 혜택을 같이 볼 수 있다. 미국 기업이 제공해주는 단체보험의 경우, 노동자의 가족도 혜택을 누릴 수 있다. 물론 개인만 가입할 경우보다 보험료가 그만큼 더 인상된다. 하지만 인상된 보험료의 일부 또한 기업이 부담해준다. 보통 1인만 가입할 경우에는 기업이 85%를 부담해주지만, 가족이 가입할 경우에는 75%를 부담한다.

단체 가입의 또 다른 장점은 질병 위험이 높은 개인을 배제하지 않는다는 점이다. 고혈압, 당뇨병과 같은 만성질환이 있더라도 보험료가 할증되거나 가입을 거부하지 않는다. 보험사는 집단 가입 시에 그 집단의 위험을 평가하여 보험료를 책정하기 때문이다.

그런데 우리의 경우는 어떠한가. 한국의 민간 의료보험은 거의 대부분 개인별 가입에 의존한다. 전 국민의 절반 이상이 가입하고 있는 암보험이나 실손형 보험을 보더라도 그렇다. 가족이 혜택을 보려면 가족 구성원이 개인별로 위험을 평가받고 가입한다. 이런 조건에서 건강보험이 급격히 위축되고, 민간 의료보험으로 의료비를 해결한다고 가정해보자. 미국처럼 단체보험이 나타날 수 있다. 특히 대기업 노동자들의 경우는 그럴 가능성이 크다.

그러나 우리나라 고용의 90%는 중소기업이 담당하고 있으며, 자영업자의 비중은 전 세계에서 가장 높다. 이런 상황을 고려해보면, 몇몇 대기업 노동자를 제외하고는 기업이 제공해주는 보험 혜택을 누리기 어렵다. 대다수 국민은 지금처럼 보험료를 전액 떠맡아야 한다.

한국 사회에서 건강보험이 붕괴될 경우 민간 의료보험이 부족한 부분을 메우는 데는 상당한 한계가 있다. 이를 고려하지 않은 상태에서 건강보험 대신 민간 의료보험으로 해결하자는 주장은 국민 건강을 파멸의 길로 몰아넣는 꼴이다.

# 건강보험 하나 잘 키우면 다른 보험이 필요 없다

이제 대안을 찾아보자. 내가 민간 의료보험의 문제점을 파헤치는 이유는, 우리에게는 건강보험이 있기 때문이다. 건강보험이라는 훌륭한 대안이 있는데, 민간 의료보험이 커지는 것은 비정상이라고 생각한다.

우리 국민들의 의료비 부담은 결코 적지 않다. 과중한 병원비 부담과 함께 민간 의료보험 지출이 크기 때문이다. 우리나라의 의료비 지출은 미국의 40% 정도인데도 국민들이 느끼는 의료비 부담이 상당히 크다. 이것은 국가 전체의 지출 중에서 사적 지출이 차지하는 비중이 크기 때문이다. 유럽인들은 의료비를 우리보다 더 많이 지출하는데도 의료비 걱정 없이 살고 있다. 공적 지출이 차지하는 비중이 높기 때문이다.

우리에게는 교육비 부담이 의료비 못지않게 크다. 출산률이 저하되는 큰 이유가 과다한 교육비 때문이라고 하지 않는가. 30조 원에 이르는 엄청난 사교육비 때문에 자식 키우기가 힘들다고 느끼는 것이다. GDP 대비 국가

교육 재정은 3.5%에 불과한데 사교육을 포함하면 7.5%로 높아져 웬만한 OECD 국가와 비슷하다. 유럽의 경우 대부분 대학까지 무상교육이 이루어진다. 국가 전체의 지출과 국민들이 피부로 느끼는 부담과는 별 관계가 없다. 중요한 것은 사적으로 지출하는 비중이 얼마나 높으냐에 달려 있다.

우리 국민들이 의료비에 대해 부담을 느끼는 이유는, 전체 국민 의료비가 많아서가 아니라 의료비 지출에서 사적 지출이 차지하는 비중이 높기 때문이다. 사적 지출을 공적 지출로 돌리기만 해도 국민들이 느끼는 부담이 크게 줄어들 것이다. 마찬가지로 30조 원에 이르는 사교육비를 모두 공교육비로 돌리면 국가 전체적으로는 교육비 지출이 변하지 않으면서 국민들의 부담은 획기적으로 줄일 수 있다.

우리나라 국민들은 현재 세 개의 호주머니로 의료비를 지출하고 있다. ①번 호주머니는 소득에 따라 부담하는 건강보험료이다. 2008년 기준으로 하면 15조 5천억 원 정도에 이른다. ②번은 의료기관 이용 시 발생되는 개인부담(본인부담액)이다. 건강보험이 다 보장해주지 않으니 과중한 본인부담이 발생된다. 2008년 기준으로 하면 대략 16조 원 정도 된다. ③번 지출은 민간 의료보험에 지출하는 보험료다. 2008년 전체 규모는 33조 원이다.

이에 대한 해결책은 이론적으로 아주 간단하다. ①번 건강보험 지출을 늘리는 대신에 ②번 개인 부담금을 줄이면 된다. 이것을 보통 좁은 개념의 무상 의료라고 부른다. 무상 의료는 공짜 의료가 아니라 국민들의 개인 부담을 줄이고, 건강보험 재정으로 해결하자는 것이다. ①번 지출이 늘어나면 ②번 지출은 줄어들게 되고, ①번 지출이 줄어들면 ②번 지출이 늘어나게 된다. 둘의 합은 일반적으로 변하지 않는다. 국민 입장에서는 개인 부담을 줄이고, 대신에 건강보험으로 모두 해결하는 것이 무조건 유리하다는 것을 쉽게 알 수 있을 것이다.

③번 민간 의료보험은 ②번 지출이 부담스러운 데서 비롯된 것이다. 만일 ②번 부담이 사라진다면, 민간 의료보험 지출도 대폭 줄어들 것이다. 이는 민간 의료보험 가입 이유에 대한 조사를 보면 알 수 있다. 전 국민 중 83%가 건강보험의 보장 부족과 의료비에 대한 경제적 부담 때문이라고 답하고 있다.

현재 민간 의료보험 지출이 건강보험료와 본인부담금을 합친 것보다 더 많다. 의료비 부담을 줄이고자 가입한 민간 의료보험이 오히려 가계 부담을 압박하고 있는 형국이다.

따라서 건강보험으로 모든 병원비를 해결한다면 일석이조의 효과를 볼

**민간 의료보험 가입 이유**

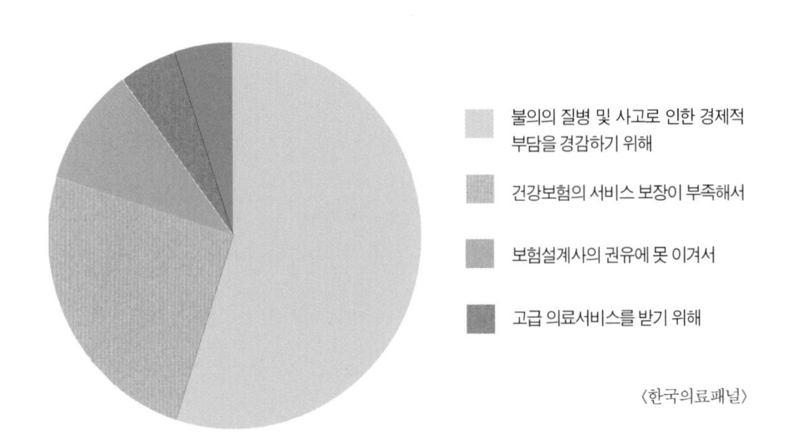


〈한국의료패널〉

수 있다. 먼저 국민들의 의료비 부담이 사라지고, 두 번째로 그로 인해 발생한 민간 의료보험에 대한 요구도 대폭 사라지게 된다. 민간 의료보험료 부담이 줄어들면 가계에 보탬이 되어 실질소득이 증가할 것이다. 얼마나 좋은 일인가.

# 건강보험 하나로 의료비를 해결하는 길

건강보험 보장률이 낮은 이유는 건강보험이 보장해주지 않는 비급여 항목이 많아서다. 대표적으로 꼽을 수 있는 것이 선택진료료(특진료), 상급병실료, 초음파, MRI(일부만 보험 처리되고 있다), 비급여 치료재료비, 비급여 검사항목이다. 특히 선택진료료와 상급병실료는 전체 비급여 진료비의 절반을 차지할 만큼 비중이 크다. 이로 인해 대학병원일수록 건강보험 보장률이 하락한다. 보통 중증 질환일 때 큰 병원에 입원하게 되는데, 이때 오히려 건강보험 보장률이 떨어져 환자의 부담이 커진다. 더욱이 입원 시 부수적으로 지출되는 간병료 부담까지 고려하면 의료비 부담이 가계를 위협할 만큼 커진다.

연구에 의하면 가계 소득에서 의료비가 차지하는 비중이 점차 증가하고 있다. 가계 가처분소득의 10% 이상을 의료비로 지출하는 인구가 매년 전체의 19%에 이른다고 한다. 의료비 부담이 가계의 지불능력을 초과하여

**2008년 요양기관종별 본인부담 현황**

| 구 분 | 종합전문 | 종합병원 | 병원 | 의원 | 약국 | 계 |
|---|---|---|---|---|---|---|
| 건강보험 보장률(%) | 55.0 | 58.9 | 53.1 | 66.3 | 70.1 | 62.2 |
| 법정 본인부담률(%) | 17.9 | 20.9 | 20.0 | 22.2 | 27.9 | 22.6 |
| 비급여 본인부담률(%) | 27.1 | 20.2 | 26.9 | 11.5 | 2.0 | 15.2 |

생계에 지장을 받는 국민이 무려 900만 명이나 되는 셈이다.

이런 과중한 부담을 줄이기 위해 국민건강보험공단은 본인부담 상한제를 실시하고 있다. 소득수준에 따라 하위 50%는 200만 원, 중위 30%는 300만 원, 상위 20%는 400만 원 이상의 법정 본인부담이 발생할 경우, 그 차액을 전액 환급해준다. 2009년 총 27만 명이 총 4,500억 원을 환급받는 데 그쳤다. 당시 전체 국민의 의료비 부담이 16조 원이 넘는다는 것을 고려하면 2.8%밖에 되지 않는다. 본인부담 상한제가 제대로 작동되지 않고 있음을 알 수 있다. 이러다 보니 애초 취지대로 국민들의 의료비 부담을 줄여주는 기능을 제대로 못하고 있는 실정이다.

그 이유가 바로 비급여 때문이다. 비급여의 경우 본인부담 상한제 대상이 아니다. 예로 입원치료비가 1,000만 원이라고 하자. 이 중 건강보험이 500만 원, 법정 본인부담이 200만 원, 비급여 본인부담이 300만 원으로 총 본인부담이 500만 원일 때 비급여 본인부담을 제외한 법정 본인부담금만 상한제가 적용된다. 또한 현재 시행되고 있는 본인부담 상한제 수준이 매우 높다. 유럽의 경우 본인부담 상한제가 작동하고 있는데, 보통 30~100만 원 이내이다.

'건강보험 하나로 시민회의'는 모든 병원비를 건강보험 하나로 해결하기 위해 비급여를 전부 급여화하고, 간병서비스도 건강보험을 적용하자고 주장하고 있다. 이 바탕 위에 100만 원 상한제를 하게 되면 의료비 불안을 완전히 해소할 수 있을 것이다.

그러면 현행 반쪽짜리 건강보험 상한제가 작동할 경우의 병원비 부담과, 완전한 100만 원 상한제가 실현되었을 때 어떤 차이가 있는지 알아보자.

현재 중병에 걸리면 총 치료비가 1천만 원이 훌쩍 넘는 경우가 많다. 현행 보장률로는 본인부담이 400만 원 나오지만, 우리의 목표가 실현되면 100만 원만 부담하면 된다. 치료비가 그 이상일 경우에는 본인부담액이 기하급수적으로 증가하지만, 건강보험 하나로가 실현되면 아무리 치료비가 올라가도 100만 원만 부담하면 된다.

**입원보장 90%, 100만 원 상한제 시 본인부담액의 변화**

| | 총 진료비 100만 원 | 300만 원 | 1,000만 원 | 5,000만 원 |
|---|---|---|---|---|
| 현행(보장률 60%) | 40만 원 | 120만 원 | 400만 원 | 1,300만 원 |
| 건강보험 하나로 실현 시 | 10만 원 | 30만 원 | 100만 원 | 100만 원 |

## 건강보험의 재정은 늘리고 국민 부담은 줄이는 방법

건강보험으로 모든 병원비를 해결하기 위해서는 건강보험의 재정을 대폭 늘려야 한다. 건강보험 재정이 늘어나는 만큼 국민들의 부담은 줄어든다. 건강보험 하나로 시민회의는 건강보험으로 모든 병원비를 해결하는 비전을 제시하고 있다. 당면 목표는 연간 1백만 원 상한제, 입원의료비 90% 보장, 간병서비스 급여화 등을 주장하고 있다. 더불어 저소득층과 중소영세 사업자의 보험료를 경감해주는 내용도 포함되어 있다.

이런 구상을 현실화하기 위해서는 올해 기준으로 대략 14조 원 정도가 필요하다. 전 국민이 평균 1만 1,000원씩 추가로 부담하면 충분히 실현 가능하다. 간단하게 계산해보자.

11,000원×12개월×4,800만 = 6.4조

**건강보험의 보장성 강화를 위한 소요재정 산출 내역(2012년 기준)**

| 보장성 강화 내역 | 추가 소요재정 |
| --- | --- |
| 입원진료 보장률 90% | 6.9조 원 |
| 100만 원 본인부담 상한제 | 2.2조원 |
| 간병 급여화 | 1.3조 원 |
| 입원진료의 질 향상을 위한 간호인력 확충 | 1.9조원 |
| 노인 틀니 급여화 | 0.4조 원 |
| 치석 제거 급여 확대 | 0.2조 원 |
| 의료 사각지대 해소 | 1.1조 원 |
| 최하위 5% 건강보험료 면제 | 0.3조 원 |
| 하위 5~15% 건강보험료 무이자 대출 | 0.2조 원 |
| 중소영세사업장 사용주 부담 보험료 지원 | 0.6조 원 |
| **추가 소요재정 합계** | **14.1조 원** |

4,800만 국민이 한 달에 1만 1000원씩 보험료를 내면 6.4조 원이 된다.

각자 1만 1,000원씩 더 부담하자는 말은 모든 국민이 똑같이 1만 1,000원을 더 내자는 것이 아니다. 사회연대 원리가 적용되는 건강보험의 재원 마련 방식을 상기해보면 쉽게 이해할 수 있다. 건강보험 재원의 세 주체는 국민의 보험료, 사용자 부담금, 그리고 국가이다. 건강보험은 근로소득의 일정 비율을 건강보험료로 부과한다. 적게 버는 사람은 적게, 많이 버는 사람은 많이 낸다. 또한 직장가입자의 경우 보험료 중 절반을 사업주가 부담한다. 그리고 국민과 사용자가 납부할 예상 보험료의 20%를 국가가 부담한다.

따라서 국민들이 6.4조 원을 더 내게 되면 사업주와 국가도 추가로 더 부담해야 한다. 건강보험 하나로 시민회의의 추산에 의하면 14.1조 원 중 국민들이 6.4조 원을 부담하고, 사용주가 4.4조 원, 국가가 3.3조 원을 부담하면 가능하다.

14조 원의 건강보험 재원을 추가로 확충하여 보장률을 강화하면, 국민들이 그동안 개인적으로 부담해온 14조 원이 줄어들게 된다. 그런데 나는 앞에서 국민들이 추가 부담해야 하는 건강보험료를 6.4조 원으로 계산했다.

건강보험료는 소득에 비례해서 부과하기 때문이다. 국민들이 추가로 부담해야 하는 6.4조 원(국민 1인당 평균 월 1만 1,000원)도 상위 30%가 3.8조 원을 부담하며, 70%는 나머지 2.7조 원만 부담하면 된다. 즉, 추가로 필요한 14.1조 원 중 국민의 70%가 실제로 부담하는 보험료는 그중의 18.9%인 2.7조 원에 불과하다. 이것이 건강보험 재원 확충 기전이다. 국민의 입장에서는 건강보험으로 모든 병원비를 해결하는 것이 무 · 조 · 건 유리하다.

그러다 보니 건강보험료를 올리자고 하면 사용주와 국가가 반가워하지 않는다. 현 정부는 국민과 국가와 사용주가 건강보험료를 더 부담해서 재원을 확충하자는 주장에 소극적으로 대응하고 있다. 복지 분야 예산을 늘리기를 싫어하는 기획재정부가 달가워하지 않을 것이고, 4.4조 원이나 추가로 부담해야 하는 기업들도 달가워하지 않기 때문이다. 기업은 특히 더 심하다. 건강보험으로 모든 병원비를 해결하게 되면, 기업의 건강보험료 부담이 증가하니 싫어하는 것이 당연하다. 특히 민간 보험회사를 소유하고 있는 재벌의 경우, 민간 의료보험 대거 해지 사태가 초래될 가능성이 커서 수익성이 악화될 것이기 때문이다.

그러나 나는 이 비전은 충분히 실현 가능하며 또한 가장 현실적인 보험 재정 확충 방법이라고 본다. 특히 총선과 대선 양대 선거가 있는 국면에서,

이해당사자별 추가 확보 재정 분담 비율

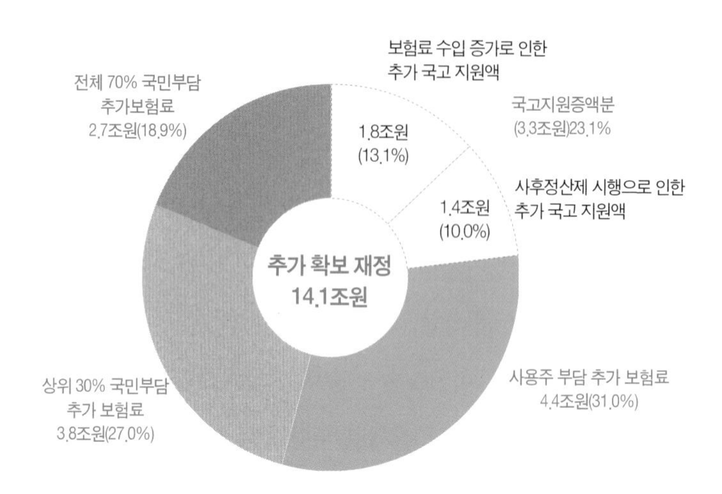


국민들이 건강보험 재정을 확충하자는 요구를 모아낸다면 충분히 실현 가능하다.

1만 1,000원의 기적이 실현될 날이 멀지 않은 것이다.

# 이건희 회장의 건강보험료율은 직장가입자의 100분의 1 수준?

우리의 건강보험체계는 매우 우수하지만, 완벽하지는 않다. 건강보험료 부담이라는 측면에서는 형평성이 조금 약하다. 건강보험 부과 체계에 허점이 많이 있어 실제 억대 이상의 고소득자가 일반 직장인보다 건강보험료를 적게 내는 경우가 상당히 많다.

이는 직장가입자와 지역가입자 간 이원적인 보험료 부과 체계 문제와 함께 직장가입자의 경우 임금소득에만 한정해서 보험료를 부과하기 때문이다. 그러다 보니 직장을 잃고 지역가입자로 이동하면 보험료가 대폭 인상되는 경우가 발생하기도 한다. 이는 건강보험 제도에 대한 불신의 요인이 되기도 한다. 또 고수익을 올리는 지역가입자가 직장가입자로 이동하여 건강보험료를 대폭 줄이는 일도 벌어진다. 따라서 건강보험료 부과 체계를 좀 더 공평하게 해야 할 필요가 있다.

현재 직장가입자가 내는 건강보험료는 근로소득의 5.8%다. 이 중 절반은 사업주가 부담하므로, 실제로는 2.9%를 낸다고 보면 된다. 월 근로소득이 200만 원이라고 하면 5만 8,000원을 부담한다.

그렇다면 우리나라 최고 부자인 삼성 이건희 회장은 현재 건강보험료를 얼마나 내고 있을까. 이건희 회장은 2008년 김용철 변호사가 삼성의 비리를 폭로하자 회장직에서 잠시 물러났다가 2010년에 다시 복귀한다. 언론 보도를 보면 이건희 회장은 복귀 후에 월급을 받지 않는다고 한다. 이건희 회장은 현재 지역가입자로 편입되어 매월 229만 원의 건강보험료를 납부하고 있다.

**2012년 기준 건강보험료 산정 기준(직장가입자의 경우)**

| 보수월액 범위 | 보험료율(가입자부담) | 월보험료 산정 |
|---|---|---|
| 28만 원 미만 | 2.9% | = 28만 원 × 2.9% = 8, 120원 |
| 28만 원 이상~7,810만 원 | 2.9% | = 보수월액 × 2.9% |
| 7,810만 원 초과 | 2.9% | = 7,810만 원 × 2.9% = 226만 원 |

이건희 회장은 이전에 월 10억 원 정도의 월급을 받았다고 한다. 월 10억 원이면 건강보험료로 얼마를 낼까? 2008년 기준 직장가입자의 실 보험료율은 2.54%다. 10억 원의 2.54%인 2,540만 원을 부담해야 하나 건강보험료 상한제로 인해 이건희 회장은 급여의 2.54%가 아닌 0.167%(167만 원)을 부담했다.

국내 최고 재산가이자 소득가인 이건희 회장이 부담한 건강보험료를 보면, 우리의 건강보험제도가 별로 공평하지 못하다는 생각이 든다. 월 소득이 500만 원인 직장가입자의 건강보험료가 14만 5,000원인데, 이보다 월급이 200배나 더 많은 이건희 회장이 부담하는 건강보험료는 그보다 10배 조금 넘으니 말이다.

더욱이 이건희 회장은 월급 외에도 상당한 주식배당수익을 거두고 있다. 2011년 주식배당으로 벌이들인 소득만 무려 1,330억 원이나 되었다. 만일 건강보험 부과 대상에 상한선이 없고, 근로소득만이 아닌 모든 소득에 동일하게 건강보험료를 부과한다면, 이건희 회장은 배당소득인 1,330억 중 38억 6,000만 원을 건강보험료로 내야 할 것이다. 그래야 투명 유리지갑을 가진 대다수 근로계층과 형평에 맞는다고 할 수 있지 않을까.

그런데 실제로는 보험료 상한제로 인해 200만 원 정도만을 보험료로 부담하고 있다. 보통직장인들은 소득의 2.54% 정도를 보험료로 내는데 반해 이건희 회장의 보험료는 소득대비 0.018% 정도에 불과하다. 보험료율로 따지면 무려 100배가 훨씬 넘게 차이가 나는 셈이다.

물론 건강보험료 상한제를 폐지하더라도 적용되는 대상은 극히 일부이며 재정 확충 효과가 그리 크진 않다. 신상진 의원이 제출한 건강보험료 최고금액 납부현황 자료에 의하면, 상한선을 초과하는 사람이 2,174명 정도라고 한다. 상위 0.01%이다.

건강보험료 상한선을 폐지할 경우 540억 원 정도 추가 수입액이 예상된다. 능력(소득)에 비례해서 부과한다는 건강보험료 부과의 취지를 살리기 위해선 필요한 제도라 할 수 있다.

건강보험료는 능력(소득)에 따른 부과 원칙을 따르고 있다. 하지만 직장가입자의 경우, 근로소득(임금소득)에만 보험료를 부과하고 있어 여러 문제점이 발생되고 있다.

일부 연예인이 건강보험료를 축소 납부하기 위해 위장 취업을 한 사례가 이슈가 된 적이 있다. 한 해 수억 원을 버는 연예인들이 건강보험료를 적게 내기 위해 위장 취업을 하여 직장가입자로 전환하는 것이다. 지역가입자는 종합소득, 재산, 자동차 등을 기준으로 건강보험료가 부과되어 높은 건강보험료를 납부해야 하지만 직장가입자는 근로소득에만 부과되어 보험료를 아낄 수 있다. 지역가입자일 때는 100만 원이 훨씬 넘는 보험료가 부과되는 사람이 위장 취업을 해서 월 소득 150만 원의 직장가입자로 신고하면 건강보험료로 4만 원만 내면 된다.

이명박 대통령도 이러한 꼼수를 부린 적이 있다. 2002년 당시 이명박 서울시장 후보는 신고재산만 186억 원이었는데도 불구하고, 건강보험료를 2만 원 정도밖에 내지 않은 것으로 나타났다. 이 후보는 자신이 소유하고 있던 빌딩을 관리하는 임대관리회사를 만들어 그 회사 대표로 이름을 올려놓았다. 그리고 월급으로 2000년 99만 원, 2001년 133만 원을 신고한 것이다. 지역가입자로 있으면 막대한 임대수익이 있어 거의 상한치에 해당하는 건강보험료를 납부해야 하는데, 그 돈을 내지 않으려고 직장가입자로 전환한 것이다. 한 해 수억, 수십억을 버는 고소득자들이 1~2백만 원의 건강보험료조차 내기 싫어 온갖 편법을 동원하는 것이 재테크라는 이름으로 정당화되고 있는 현실이다.

이를 가늠해볼 수 있는 자료가 있다. 민주당 최영희 의원의 보도자료에 의하면, 100만 원 이하의 급여를 받는 직장인 가입자 중 재산이 10~50억 원인 경우가 무려 1만 2,000명이고, 50~100억 원인 경우가 569명, 100억 원을 초과하는 경우도 149명인 것으로 확인됐다.

수십억 이상의 재산가들이 왜 100만 원도 안 되는 급여를 받는 직장에 취직해 있는 걸까. 재산 중 주거용 부동산을 제외하면 모두 수익을 창출하는 재산일 것이라고 쉽게 추측해 볼 수 있다. 이런 경우 직장가입자의 건강보험료 산정 방식이 갖고 있는 허점을 노린 때문이 아닐까를 의심해야 한다.

이런 편법을 없애기 위해서는 직장가입자의 경우 근로소득뿐 아니라 종합소득, 배당소득 등 모든 소득에 보험료를 부과하는 방식으로 건강보험료 부과 체계를 바꾸어야 한다. 그래야 고수익 지역가입자들이 직장가입자로 전환하여 건강보험료를 적게 내는 꼼수를 막을 수 있다. 건강보험제도의 원리가 능력과 소득에 따라 보험료를 부과하고, 아픈 만큼 혜택을 주는 데 있다는 점을 상기하면, 건강보험료 부과 체계를 개편하는 것은 당연하다.

직장과 지역가입자 간의 이원화된 보험료 부과체계는 잦은 민원을 유발하고 있다. 경제 위기로 실직하거나 정년퇴직한 사람들은 직장가입자에서 지역가입자로 전환되는데, 전혀 다른 부과 체계로 인해 보험료가 급격히 인상되는 경우가 종종 발생한다.

이것은 직장과 지역이 전혀 다른 부과체계를 가지고 있기 때문이다. 직장가입자는 오직 근로소득만을 기준으로 보험료를 납부하는 반면, 지역가입자는 종합소득, 재산, 자동차에 각각 점수를 매기고 합산해서 부과한다. 직장에서 지역으로 이동한다고 해서 항상 건강보험료가 오르는 것은 아니다. 건강보험공단의 자료에 의하면, 2008년도에 직장에서 지역가입자로 은퇴한 65세 김 씨, 벌이 한 푼 없는데 월 17만 원 '건보 폭탄', 중앙일보.

서울의 102㎡(31평형) 아파트(지방세 과세표준액 4억 1,000만 원)에 거주하는 이모(45) 씨의 예. 이 씨는 2009년 중순 벤처기업을 다니다 실직했다. 월급 500만 원을 받으면서 14만 1,000원(본인부담 기준)의 보험료를 내다 지역건보료가 21만 2,370원으로 올랐다.

은퇴한 사람에게는 더 가혹하다. 경기도 안양에 사는 김모(65) 씨는 2009년 말 공장 일을 그만뒀다. 공업사에 다닐 때는 월 390만 원을 벌었지만 지금은 소득은 없다. 그런데 월 17만 원의 건보료를 낸다. 아파트(2억 4,000만 원), 2년 지난 중형 승용차 때문이다.

전환 시에 47.6%는 보험료가 인하(5만 3,229원 → 3만 0,169원)되었고, 52.4%는 보험료가 인상되었다(3만 9,652원→8만 4,511원). 평균적으로는 보험료가 인상되었다(4만 6,000원→5만 9,000원).

소득에 따라 보험료를 부과하는 것이 공평한데, 지역가입자의 경우 정확한 소득을 파악하는 비율이 40%에 불과하다 보니 소득을 추정하는 다른 지표를 이용하여 건강보험료를 산정하기에 문제가 발생한다. 하지만 아무리 소득 파악이 어렵더라도 지역가입자의 건강보험료 부과 방식은 직장가입자보다 역진적이다. 소득이 적은 영세 자영업자에게 불리한 것이 사실이다.

다음에는 지역가입자의 보험료 부과 기준에 대해 자세히 알아보자.

# 지역가입자 중엔 억울한 사람들이 있다

많은 지역가입자들이 소득에 비해 건강보험료 부담이 크다고 느낀다. 지역가입자가 직장가입자보다 상대적으로 건강보험료 부담이 큰지 여부를 알 수 있는 간단한 방법이 있다. 지역가입자의 건강보험료가 10만 원이라고 하자. 만일 직장가입자라면, 월급의 2.9%가 10만원이라는 것이므로, 근로소득은 345만 원임을 의미한다. 지역가입자의 소득이 그와 비슷하다면 문제가 없으나, 실제 소득은 100~200만 원에 불과한데도 10만 원의 건강보험료를 부담한다면 불공평하다고 할 수 있다.

지역가입자의 보험료 부과 방식을 자세히 알아보자. 지역가입자는 과세소득이 연 500만 원을 넘느냐 아니냐에 따라 나눠진다.

과세소득이 연 500만 원 이상인 사람은 ①소득, ②재산, ③자동차에 점수(1점=170원)를 각각 매기고, 세 항목의 점수를 합산하여 보험료를 부과한다.

소득에 건강보험료를 부과하는 방식은 연 500만 원~4억 9,990만 원 사이를 75구간으로 나눠, 각 구간에 점수를 매기는 방식을 취한다. 소득 상한선은 4억 9,990만 원이다. 이 소득보다 초과한 소득에 대해서는 건강보험료를 부과하지 않는다. 500만 원 과세소득자의 소득 점수는 380점(보험료는 6만 4,600원)이나, 5,000만 원 소득자는 1,240점(21만 원), 5억 이상 소득자는 1만 1,625점(197만 원)이다. 소득이 10배, 100배 증가하는데도 보험료는 3.3배, 30배 차이밖에 안 난다. 소득이 적을수록 보험료 부담률이 소득 역진적임을 보여준다.

또한 직장가입자와의 형평성도 문제다. 예를 들어 과세소득이 500만 원인 지역가입자의 건강보험료(6만 4,600원)는 직장가입자로 치면 연봉 2,700만 원에 해당한다. 비록 과세소득이 경비 등에 대한 정산 후 소득이라고 하더라도 형평에 어긋난다. 지역가입자의 경우는 소득뿐 아니라 재산, 자동차에도 보험료가 부과되므로 실제 부담은 더 크다.

**소득 구간별 점수(2012년 기준)**

| 등급 | 소득 구간(연소득) | 점수 | 보험료 |
|---|---|---|---|
| 1 | 500 초과 ~ 600 이하 | 380 | 64,600 |
| 6 | 1,000 초과 ~ 1,100 이하 | 523 | 88,910 |
| 22 | 2,880 초과 ~ 3,050 이하 | 981 | 166,770 |
| 31 | 4,890 초과 ~ 5,190 이하 | 1240 | 210,800 |
| 43 | 9,930 초과 ~ 10,600 이하 | 1687 | 286,790 |
| 60 | 24,400 초과 ~ 25,600 이하 | 4740 | 805,800 |
| 75 | 49,900 초과 | 11625 | 1,976,250 |

다음으로 기준이 되는 것이 재산이다. 재산은 지역가입자의 보험료 산정에 가장 큰 비중을 차지한다. 실직이나 은퇴 후 보험료가 오히려 증가하는 경우가 많은데 대부분 재산 때문이다. 재산에 부과하는 산정 방법 역시 역진적이긴 마찬가지이다. 재산은 주택, 토지, 건물, 전세 등 부동산에 매긴다.

재산에 부과하는 점수를 보면 100만 원부터 30억 원까지 50개 구간으로 나뉜다. 30억 이상은 상한치가 적용되어 50구간에 해당한다. 주요 재산별 점수를 보면 100만 원은 22점, 1000만 원은 66점, 1억은 439점, 3억은 681점, 10억은 1,012점, 30억 이상은 1,475점이다.

사실 재산이라고 하면 주거 목적의 주택인 경우가 대부분이다. 2채 이상을 소유하여 임대소득을 올리는 경우가 아니라면 대부분 집 한 채를 갖고 있는 상황이고, 살고 있는 집에서 나오는 소득은 없다고 봐야 한다. 그런데 이에 대한 고려가 전혀 없이 점수가 산정된다. 3억 원을 가진 재산가와 30

**재산 구간별 점수(2012년 기준, 1점=170원)**

| 등급 | 재산 금액(만원) | 점수 | 보험료 |
|---|---|---|---|
| 1 | 100 초과 ~ 450 이하 | 22 | 3740 |
| 3 | 900 초과 ~ 1,350이하 | 66 | 11,220 |
| 11 | 4,500 초과 ~ 5,020 이하 | 268 | 45,560 |
| 19 | 10,700 초과~11,900 이하 | 465 | 79,050 |
| 28 | 28,100 초과~31,300 이하 | 681 | 115,770 |
| 39 | 91,800 초과 ~ 103,000 이하 | 1012 | 172,040 |
| 50 | 300,000 초과 | 1,475 | 250,750 |

억 원 이상을 소유한 재산가에게 재산의 의미는 전혀 다를 것이다. 3억짜리 주택 소유자는 재산으로 얻는 수익이 거의 없을 것이라 추정할 수 있지만, 30억 이상의 재산가는 재산을 굴려 얻는 소득이 상당할 것이다. 하지만 그 재산에 매겨지는 보험료는 겨우 2배 차이밖에 안 난다.

직장가입자가 은퇴하거나 실직해서 지역가입자로 전환될 때 보험료가 증가하는 이유는 대부분 재산에 부과되는 점수 때문이다. 재산 점수는 전체 지역가입자가 부담하는 보험료 중 무려 40%에 이른다. 예를 들어 3억짜리 주택을 가진 직장가입자가 실직으로 지역으로 이동될 때, 이 가입자는 재산 기준만으로도 건강보험료가 무려 11만 5,000원(681점×170원)이 부과된다. 이는 월 임금이 400만 원인 근로소득자의 건강보험료에 해당한다.

이처럼 재산 기준이 과다하다 보니 최근 전세 가격이 상승하면서 지역가입자의 건강보험료가 대체로 증가했다. 하지만 전세 가격 상승은 세입자 입장에서 보자면 재산이 늘어난 것이 아니다. 인상된 전세 자금을 마련하기 위해 빚을 내야 하는 처지에 있는 사람에게 건강보험료마저 올려 받는 것은 억울한 일이 아닐 수 없다.

세 번째 기준은 자동차다. 자동차의 점수 부과기준은 배기량과 사용연수에 따라 책정된다. 자동차가 보험료 산정에 들어간 이유는 소득과 재산을 정확히 판정하기 어려웠을 때 자동차가 일정 정도 이를 반영해주었기 때문이다. 하지만 이제는 자동차가 보편적으로 공급된 상황이고 재산 가치도 그리 크지 않아 보험료 산정의 기준이 되기는 어렵다. 또 현행 보험료 산정기준도 합리적이지 못하다. 예를 들어 자동차에 부과되는 보험료는 차량 가격이 아닌 배기량을 기준으로 하고 있다. 같은 2000cc 승용차라고 하더라도 국산이냐 수입이냐에 따라 가격이 수배나 차이 난다. 그런데 그런 반영이 없다. 2000cc 승용차를 가지고 있다면, 자동차로 인해 보험료가 1만 9,000원(113점×170원)이 추가된다. 건강보험료 부과에 대해 연구하는 많은 보고서는 자동차에 보험료를 부과하는 문제점을 지적하며, 폐지할 것을 권고하고 있다. 나도 여기에 적극 동의한다.

위의 경우처럼 500만 원 이상의 과세소득, 재산, 자동차 등급별 점수의 합산으로 보험료를 부과하는 경우는 전체 지역가입자의 16%밖에 해당되지 않는다. 또 과세소득이나 재산이 많아 건강보험료 납부액이 많은 지역가입자들은 편법을 동원하여 직장가입자로 이동해서 아주 적은 건강보험료만을 내고 있는 경우가 많다.

정작 문제는 과세소득이 500만 원 미만인 사람들이다. 이들은 전체 지역가입자의 84%로 대다수를 차지하고 있다. 과세소득이 500만 원 이하인 사

**자동차 등급별 점수, 승용자동차의 경우**

| 등급 | 배기량 | 사용연수별 적용률 및 결정 점수 | | | |
|---|---|---|---|---|---|
| | | 3년 미만 | 3~6년 미만 | 6~9년 미만 | 9년 이상 |
| 1 | 800cc 이하 | 18 | 14 | 11 | 7 |
| 2 | 800cc 초과~1000cc 이하 | 28 | 23 | 17 | 11 |
| 3 | 1000cc 초과~1600cc 이하 | 59 | 59 | 35 | 24 |
| 4 | 1600cc 초과~2000cc 이하 | 113 | 90 | 68 | 45 |
| 5 | 2000cc 초과~2500cc 이하 | 155 | 124 | 93 | 62 |
| 6 | 2500cc 초과 3000cc 이하 | 186 | 149 | 111 | 74 |
| 7 | 3000cc 초과 | 217 | 173 | 130 | 87 |

람은 500만 원 이상의 과세소득자와 다르게 산정한다. 지역가입자의 소득 파악률이 40% 정도밖에 되지 않는 탓에 지역가입자의 60%는 과세소득이 없다. 500만 원 이하 소득자는 정확한 소득을 알 수 없다는 가정 하에 실제 소득이 아닌 평가소득으로 산정하는데 성별, 연령, 가족 수, 재산, 자동차를 이용하여 생활수준 및 경제활동 참가율 등급을 산정하고 그 등급에 따라 점수를 부과하여 평가소득을 산정한다. 이 평가소득 점수에 다시 재산과 자동차 점수를 합산하여 최종 건강보험료를 부과한다. 그러다 보니 재산과 자동차는 건강보험료 산정에 이중으로 부과된다.

500만 원 이하 평가소득의 점수 범위는 20~372점인데 아주 복잡한 과정을 거쳐 산정한다. 예를 들어 50세 남성, 45세 여성, 15세가 사는 가정의 재산이 3,000만 원, 자동차 세력이 연간 20만 원이라고 하면, 50세 남성은 5.7점, 45세 여성은 5.2점, 15세 딸은 1.4점을 부여한다. 재산은 7.2점, 자동차는 9.1점으로 총합은 28.2점에 해당한다. 이 점수는 생활수준 및 경제활동 참가율 점수이고 다시 평가소득 점수로 환산하는데, 평가소득 점수는 287점이다. 이 평가소득에 해당하는 보험료는 287×170원=4만 8,790원이다. 이것은 평가소득에 해당하는 보험료이고, 여기에 다시 재산과 자동차에 해당하는 점수를 합산하여 최종 건강보험료를 부과한다.

따라서 과세소득 500만 원 이하 지역가입자의 건강보험료 부담이 상당하다. 500만 원 이하 소득자의 보험료 산정은 매우 복잡하고 불공평한 측면이 많다. 재산, 자동차 점수가 이중 부과된다는 점과, 연령과 가족 수에 따라 점수를 높게 부과하고 있어 형평성에 어긋난다.

지역가입자는 직장가입자에 비해 소득 대비 보험료 부담이 상당함을 알 수 있다. 더욱이 현재는 5인 미만 사업장도 4대 보험에 가입하도록 하고 있어 지역가입자의 고수익 그룹인 전문직이나 고수익 개인 사업자들이 상당 부분 직장가입자로 전환되어 있다. 현재 남은 지역가입자는 800만 세대인데, 이 중 소득 보유 자영업자는 350만, 농어업인 150만, 특수직(보험모집인, 학습지 교사, 캐디 등) 60만, 기타 은퇴자, 일용직 및 실업자가 240만 세대로 구성되어 있다.

지역가입자의 소득 파악률이 낮다는 이유로 재산, 자동차 등에 보험료를 부과하는 방식은 이처럼 지역가입자의 건강보험료 부담을 높이고 있다. 능력만큼 보험료를 부과한다는 원칙에 맞게 소득에 비례하는 방식으로 보험료 부과 방식을 개선해야 한다.

# 건강보험료를 공정하게 산정하기 위하여

지금까지 건강보험료 부과의 여러 문제점을 살펴보았다. 건강보험의 보장을 획기적으로 높여 모든 의료비를 건강보험으로 해결하기 위해선 추가 재원을 확보해야 한다.

추가 재원을 확보하는 원칙은 공평한 보험료 부과일 것이다. 사회보험에서의 공평한 부과란 능력과 소득에 맞게 부과하는 것을 말한다. 그런데 현재 우리의 건강보험 체계는 조금 부족하다고 본다. 물론 조금 흠이 있다고 해서 건강보험제도를 평가절하할 필요는 전혀 없다. 우리의 건강보험은 매우 훌륭하게 설계된 제도라고 생각한다.

추가 재원을 확보하기 위해 가장 우선되는 방법은 국민, 사업주, 국가가 함께 부담을 나누는 방법이다. 일명 사회연대적 건강보험료 인상이다. 소득에 따라 보험료를 더 내서 건강보험 하나로 의료비 걱정을 해결하자는 것이다. 사회연대적 건강보험료 인상은 다 같이 보험료를 올리자는 것이지만, 필요한 재원(14조)의 80%는 기업, 국가, 상위 30% 국민으로부터 조달된다. 이 운동은 재원 확충 방식에 있어 현행 건강보험제도의 장점을 활용하자는 것이지만, 운동이 활성화되기 위해선 건강보험료가 공평하게 부과되고 있다는 확신이 있어야 할 것이다. 평균적인 직장인보다 수십, 수백 배의 소득을 올리면서도 정작 건강보험료는 일반 직장인보다 적게 내는 상황이 계속된다면, 건강보험료를 더 내는 데 망설일 수밖에 없다. 따라서 건강보험료의 공평한 부담을 위한 제도 개혁이 동시에 이루어져야 한다.

다행히도 현재 정부는 불공평한 건강보험료 부과 체계를 바꾸려 하고 있다. 이명박 정부 하의 복지부에서도 고수익자의 건강보험료 부담을 높여야 한다고 할 만큼 국민적 여론이 충분히 형성되어 있다. 내가 생각하는 건강보험료 부과 체계의 개편 방향은 크게 4가지이다.

첫째, 건강보험료의 상한선을 폐지하는 것이다. 현재 건강보험료 상한선은 226만 원이다. 이를 통한 재원 조달 규모는 그리 크지 않다. 하지만 공평한 보험료 부담이라는 인식을 위해 필요하다고 본다. 아무리 소득이 많다고 하더라도 건강보험료를 수백 수천만 원씩 내는 것이 합당한가라고 묻는 사람도 있을 것이다. 하지만 나는 그것이 합당하고 공평하다고 생각한다.

둘째, 직장가입자의 근로소득에만 보험료를 부과하는 방식에서 확인 가능한 모든 소득에 부과하는 방식으로 바뀌어야 한다. 현재 직장가입자 중 근로소득 이외의 소득을 가진 비중은 대략 10% 정도이다. 직장가입자 10명 중 1명은 근로소득 외에 임대소득, 배당소득, 사업소득, 이자소득, 기타 소득이 있다. 여기에도 건강보험료를 부과하자는 것이다. 10% 정도만 여기에 해당되므로 크게 문제되지 않는다. 특히 이 정책이 중요한 것은 고소득 지역가입자들이 위장 취업 혹은 편법을 동원해 직장가입자로 전환해 소득에 비해 극히 적은 보험료만 부담하는 것을 막기 위해서이다. 연구에 의하면 이를 통해 추가로 조달 가능한 재정은 2조 6,700억으로 추산된다. 현재 정부도 국회에서 법 개정 통과를 준비하고 있다. 비록 일부 상위계층에만 적용시키려 하고 있긴 하지만 말이다.

셋째, 직장가입자의 피부양자 중에 소득이 있는 사람은 지역가입자로 전환되어야 한다. 사실 여러 소득이 있어 보험료 부담 능력이 있는데도 불구하고 피부양자 자격을 가지고 있는 경우가 상당하다. 피부양자 자격의 원칙은 자기 소득이 없어 부담 능력이 없는 경우에 해당되어야 한다. 현재는 연금소득, 재산 등 기타 소득이 많더라도 사업소득이 없고 금융소득이 4천만 원 이하면 피부양자 자격을 유지하여 건강보험료 납부 부담이 면제된다. 따라서 피부양자 중 소득이 있는 경우에는 지역가입자로 전환하여 보험료를 부과해야 한다. 이는 지역가입자와의 형평성에도 맞는 일이다. 피부양자 중 상위 10%가 전환될 경우 1조 3,800억 원의 추가 재원 확보가 가능하다고 한다. 현재 정부도 이 정책을 시행하겠다고 밝힌 바 있다.

넷째, 상대적으로 지역가입자에게 과중하게 부과되어 있는 보험료 부과 체계를 바꿔야 한다. 특히 소득과 무관한 재산과 자동차에 보험료를 부과하는 방식은 줄여나가고, 소득의 비중을 높여야 한다. 그리고 소득이 없는 경우에는 기본 보험료 제도를 두어 최소한의 보험료 부담만 지워야 한다. 이를 통해 지역가입자에게 부과되는 1조 9,900억 원의 보험료가 경감될 것이라는 연구가 있다.

**피부양자 상위 10%를 지역가입자로 전환할 때 재정 파급 효과**

| 부과 체계 개편 내용 | 재정 개선 |
|---|---|
| 직장가입자의 근로소득 외 소득에 보험료 부과 | +2조 6,700억 |
| 지역가입자의 보험료 부담 경감 | - 1조 9,900억 |
| 직장가입자의 피부양자 일부를 지역가입자로 전환 | +1조 3,800억 |
| 계 | +2조 600억 |

〈'건강보험 부과 체계 단순화 및 일원화 방안' 보고서〉

이와 같은 개혁이 어렵지는 않다. 건강보험료 상한 폐지나 지역가입자의 보험료 부과 체계 개편은 대통령령만으로도 충분하다. 또 소득이 있는 피부양자에게 보험료를 부과하는 것은 복지부령으로도 가능하다. 내가 제시한 4가지 중 3가지는 정부의 의지만으로도 충분히 가능하다. 다만 직장가입자에게 근로소득 외의 모든 소득에 보험료를 부과하려면 국민건강보험법을 바꿔야 한다. 이는 국회에서 법 개정이 이루어져야 한다.

이와 같은 개혁을 통해 추가로 확보할 수 있는 보험료 수입은 상당하다. 이와 같은 방식으로 형평에 맞는 건강보험료 부과 방식을 적용하면, 2008년 기준 추가 재원이 2조 6,000억 원에 이른다.

# 이렇게 해야
# 국민건강보험 제도를 유지할 수 있다

우리는 종종 건강보험 재정 안정성에 대한 불안한 뉴스를 접한다. 2012년 올해는 1조 정도 적자가 날 것이라는 뉴스가 보도되었다. 이런 뉴스를 접할 때마다 '또 건강보험료가 오르겠군.' 하며 내 호주머니에서 나가는 돈이 늘어나리라는 생각에 씁쓸하다. 한편으로 '이래 가지고 건강보험이 유지될 수 있겠어?' 라는 생각에 민간 의료보험과 같은 다른 대안을 찾을 궁리를 하기도 한다.

건강보험 재정에 대한 불안감을 최고조로 조장한 연구가 있는데, 바로 2년 전 건강보험공단이 수행한 '건강보험 중장기 재정 전망 연구' 라는 보고서이다. 이 보고서는 보험료 동결, 수가 동결, 보장성 동결이라는 단순한 가정을 바탕으로 2030년까지 재정 추계를 했는데, 2030년에는 재정지출이 137조 원인데 비해 재정수입은 89조 원에 불과해 50조 원 가까이 적자가 발생할 수 있다고 발표하였다. 이 보고서의 결과대로 진행된다면 끔찍한

**건강보험 재정 추계 결과**

단위 억원

| 구분 | 전체수입 | 전체지출 | 당기수지 |
|---|---|---|---|
| 2012 | 415,590 | 415,871 | -281 |
| 2013 | 440,372 | 455,494 | -15,122 |
| 2014 | 466,445 | 497,515 | -31,069 |
| 2015 | 493,919 | 541,675 | -47,756 |
| 2016 | 522,864 | 588,486 | -65,623 |
| 2017 | 553,167 | 638,399 | -85,232 |
| 2018 | 584,808 | 691,865 | -107,057 |
| 2019 | 617,967 | 749,487 | -131,521 |
| 2020 | 652,753 | 811,908 | -159,155 |
| 2025 | 766,792 | 1059,329 | -292,537 |
| 2030 | 893,004 | 1370,252 | -477,248 |

*보험료, 수가 미인상 가정. 〈국민건강보험공단〉

일이 벌어질 수 있다.

하지만 재정추계 연구는 아주 단순한 조건을 가정하기에, 단지 미래의 위험성을 예측하고 사전에 대책을 강구하는 데 의미가 있는 것이지, 그대로 실현될 것이라고 보긴 어렵다. 현 추세대로 미국 의료비가 증가한다면 미국 가구당 민간 의료보험료가 2025년에는 가구 소득보다 많아질 것이라는 웃지 못할 추계가 가능한 것처럼 말이다. 그것은 미국의 의료비 증가가 매우 심각한 지경에 이르렀음을 경고하기 위함이지 현실적으로 그렇게 되지는 않을 것이라고 상식적으로 판단할 수 있다.

보통 미래 재정지출 예측은 현재의 재정지출이 미래에도 그대로 지속될 것이라는 가정 하에 진행된다. 하지만 현재의 재정지출은 수많은 변수에 의해 좌우되기 마련이다. 현재 건강보험의 지출은 10% 안팎으로 매년 증가하고 있다. 하지만 앞으로도 그럴까? 이 점에 대해서는 좀 더 조심스럽게 접근해야 한다. 왜냐하면 지금의 건강보험 재정지출 증가는 보장성 확대, 인구의 노령화, 의사 수 증가, 병원 수 증가, 건강에 대한 관심의 증가, 소득의 증가, 의료행위량의 증가, 의료방문 횟수의 증가, 수가의 증가, 인구의 증가, 고가 의료장비의 증가, 의료 신기술의 증가 등 수많은 변수가 반영된 결과이기 때문이다. 이런 변수는 보통 증가의 한계가 명백하게 존재하는 경우가 많다. 예를 들어 현재 의사 수와 병원 수는 계속 증가하지만 언제까지나 증가하지는 않는다. 다른 변수도 마찬가지다. 그런데 이런 수많은 변수를 무시하고, 지금의 증가 속도가 앞으로도 계속될 것이라고 가정한 내용이 현실화되긴 쉽지 않다.

물론 건강보험의 재정은 계속 증가할 것이라고 판단한다. 건강보험 보장률이 현재 60% 선에서 적어도 80% 정도는 되는 것이 바람직하다고 보는 입장에서, 건강보험 재정의 증가는 당연하며, 오히려 급격히 상승하는 것이 좋다고 판단한다.

그럼에도 건강보험이 과연 지속 가능성이 있는지, 의료비는 어느 정도 되는 것이 바람직한지에 대해 분명히 짚고 넘어가야 할 필요가 있다. 건강보험 재정은 수많은 변수에 의해 좌우되므로 보다 간편하게 예측해보자.

우리의 의료비 지출 수준이 적정한지, 어느 정도 수준인지를 국민의료비를 통해 국가 간에 비교할 수 있다. 국민의료비는 국가 전체 차원에서 의료 서비스에 대한 지출을 포함한다. 건강보험공단 부담금뿐 아니라 국민들이 직접 지불한 의료비, 국가가 전체 재원을 책임지는 의료급여비, 공중보건 관리, 시설 장비 구입비 등 지출을 포함하는 개념이다.

2008년 현재 국민의료비는 66.3조 원이며, GDP기준 6.5%이다. 국민의료비 중 건강보험의 재정지출이 대략 40% 정도를 차지한다.

단위 억원

| | 2000 | 2001 | 2002 | 2003 | 2004 | 2005 | 2006 | 2007 | 2008 | 2009 |
|---|---|---|---|---|---|---|---|---|---|---|
| 국민의료비 | 27 | 32.9 | 35.4 | 39.7 | 43.4 | 49 | 55 | 61.4 | 66.3 | 73.7 |
| GDP, % | 4.5 | 5.1 | 4.9 | 5.2 | 5.3 | 5.7 | 6 | 6.3 | 6.5 | 6.9 |

OECD 평균은 9.0%이므로 우리는 아직 OECD 국가에 비해 국민의료비 지출 규모가 적다. 반면 미국은 극단적으로 높은데, 2008년 기준 16%를 의료비로 쓰고 있다.

한국의 국민의료비는 절대수준에서는 적지만, 증가율을 보면 단연 OECD 국가 중 최고로 높다. 2003년에서 2008년까지 OECD 국가는 8.8%에서 9.0% 증가한 데 반해, 한국은 5.2%에서 6.5%로 증가하였다. 이로 인해 향후 의료제도의 지속가능성에 대한 문제가 제기되는 것이다.

우리의 높은 국민의료비 증가율이 향후 어떤 추세로 진행될 것인지가 중요하다. 최근의 증가율이 지속된다고 할 때, 국민의료비는 2015년엔 9.2%, 2020년엔 11.9%에 이르고, 2030년엔 19%까지 이를 수 있다. 2015년이면 OECD 국가의 평균 수준을 넘어선다. 물론 이런 예측이 그대로 실현

될 것이라고 보진 않는다.

나는 국민의료비 지출이 적어도 OECD 국가 수준까지는 늘어날 것이라고 본다. 2009년을 기준으로 하면 OECD 평균에 비해 GDP 대비 2% 포인트(2008년 기준 20조 원) 정도 더 늘어나지 않을까 싶다. 현재 우리나라에서는 의료비 증가를 부추기는 모든 요인이 한꺼번에 작동하고 있다. 그중 가장 중요하고 통제 불가능한 것이 바로 노인인구의 증가와 그로 인한 만성질환자의 증가이다. 그 외에도 영리를 추구하는 의료시스템, 의료행위량을 늘리는 수가구조 등이 그 핵심이다. 하지만 이러한 요인이 언제까지나 의료비 증가를 부추기지는 않는다. 인구가 고령화되더라도 그 추세에는 한계가 있는 것이다.

OECD 수준 정도의 의료비 지출은 필요하다고 본다. 문제는 그 이상 의료비 증가를 부추기는 요인이 상존해 있다는 것이고, 그런 요인이 제대로 통제되지 않는다면, 정말로 미국 식 의료비 지출 구조가 현실화될 수도 있다.

국민의료비는 크게 공적 지출과 사적 지출로 나눌 수 있다. 2009년 현재 공적 지출은 58%이고, 나머지는 사적 지출이다. OECD 국가 평균은 75% 정도 된다. 이 정도라면 중요한 의료비 지출은 거의 공적으로 해결이 되는 구조다. 그런데 우리의 건강보험 보장은 60%에 불과하고, 국민의료비 중 공적 지출도 58%에 불과하다. 이 상태에서 국민의료비가 증가하면 공적 지출과 함께 사적 지출이 동시에 상승하게 된다. 사적 지출의 증가는 결국 보험 적용이 되지 않는 비급여 영역의 팽창과 민간 의료보험의 확대와 동시에 이루어질 수밖에 없다. 즉, 사적 지출의 증가는 사회적으로 통제 범위를 벗어난 영역이라 할 수 있다. 그러다보면 전체 국민의료비의 증가를 적절히 통제하기가 매우 어렵다.

대부분의 OECD 국가는 의료비에 대한 공적 지출이 매우 높다. 건강보험 보장률이 80% 이상이며, 의료비 본인부담 상한제가 작동하고 있어 의료비로 인한 부담이 거의 없다고 할 수 있다. 반면 미국은 유일하게 전 국민 의료보험이 없는 국가다. 그러다보니 의료비 지출 수준이 비정상적으로 높다. 국민의료비 지출의 증가가 영리 병원, 민영 보험과 같은 사적 의료시스템을 추동하고 있기 때문이다. 사적 지출 영역은 공적으로 통제가 어렵다. 우리나라의 건강보험 지출이 급증하고 있는 이유 중 하나도 사회적 통제가 안 되는 비급여 항목이 많기 때문이다.

의료비에 대한 공적 지출 비중이 높을수록 적정하게 국민의료비 지출이 통제될 수 있다. OECD 국가 중 지출 증가율 1위인 우리의 국민의료비가 OECD 수준에서 멈출 것인지, 아니면 그 수준을 넘어 미국과 같이 급증할 것인지를 결정하는 것은 바로 의료에 대한 공적 조절이 얼마나 잘 되는가이다.

따라서 지금의 잘못된 의료정책은 중단되어야 한다. 민간 의료보험의 확대와 영리 병원 허용 등 의료 민영화 정책은 공적 지출이 아닌 사적 의료비 지출을 유발하여 전체 국민의료비의 급증을 가져온다. 의료 민영화, 영리 병원 허용 등이 의료비 폭등을 가져올 것이라는 시민사회 진영의 주장은 올바른 것이다.

그리고 국민의료비 지출 중 공적 지출을 대폭 확대해야 한다. 국민의료비 중 공적 지출의 75%를 차지하는 것이 바로 건강보험 지출이다. 지금의 건강보험 보장률을 60%에서 80% 이상으로 대폭 높여야 한다. 동시에 사회적으로 통제가 안 되는 비급여 항목을 전부 급여화할 필요가 있다. 그와 함께 수가제도 개편을 동시에 진행해야 한다.

건강보험료 부과 체계의 형평성 강화와 사회연대적 건강보험료 인상으로 건강보험에 재정을 쏟아 부어 보장률을 대폭 강화하면서 동시에 밑 빠진 독이 되지 않도록 낭비적인 지출 구조 개선을 동시에 시행해야 한다. 이리 된다면 우리의 건강보험은 언제까지든 지속될 수 있을 것이다.

| 맺는 글 |

# 조선일보는 무상의료를 어떻게 왜곡했나

## 1. 무상의료에 30조 원이 들어간다?

무상의료(free of charge)는 전통적으로 진보진영에서 제기한 보건의료 개혁의 슬로건이었다. 2002년 민주노동당 대선후보였던 권영길 후보는 '무상의료', '무상교육' 공약을 제기하며 상당한 대중적 지지를 획득하였다. 또 2005년부터 시민사회단체들이 '암부터 무상의료' 운동을 제기하면서 무상의료가 구체적으로 실행에 옮겨지기도 하였다. 그 운동의 성과로 암보험 보장률이 2004년 49.6%에서 2007년엔 71.5%까지 급격히 증가하여 암환자의 본인 부담이 상당히 감소하였다. 하지만 진보세력의 요구는 정치권에서 전면적으로 수용되지 못했다. 그 한계로 인해 암보장률과 영유아 입원 무상의료 정도를 제외하면 대부분 구체화되지 못하였다.

하지만 2010년 후반 민주당이 본격적으로 무상의료 슬로건을 '3무 1반' 이라는 정책 패키지로 제시하면서 다시 뜨거운 이슈가 되었다. 민주당은 국민들의 보편적 복지 확대 요구에 적극 부응하여 그간 진보진영의 요구였던 무상의료 슬로건을 민주당의 핵심 정책으로 수용하였다.

무상의료의 주요 핵심 정책은 당시 '건강보험 하나로 시민회의' 에서 제기한 핵심 목표를 그대로 수용하였다. 입원 의료비 보장률 90%로 확대, 간병서비스 급여화, 연간 본인부담 100만 원 상한제, 저소득층의 건강보험료 감면 등을 핵심 목표로 제시하였고, 거기에 필요한 재원을 12.2조로 발표(2010년 기준)하였다. 하지만 민주당은 필요한 재원을 8.1조 원으로 분석하였다.

민주당이 연이어 무상 시리즈 정책을 발표하자, 조선일보를 위시한 보수진영은 총력을 기울여 반대하고 나섰다. 조중동을 위시한 보수언론은 무상복지 정책에 '포퓰리즘', '국가재정 파탄', '건보료 폭탄', '건강보험 붕괴' 등 온갖 수식어를 들이대었다. 전재희 전 보건복지부 장관은 무상의료 정책에만 8조가 아니라 30조가 들어간다고 주장하였고, 대표적 의료 민영화 학자인 연세대 이규식 교수는 무상의료에 무려 53조가 들어갈 수 있다는 보고서를 제출하기도 하였다.

보수진영과 새누리당은 무상의료를 하려면 2~3배 이상의 건강보험료 인상이 필요하므로 건보료 폭탄이 일어날 것이고, 무상의료가 되면 환자들의 도덕적 해이가 극에 달해 건강보험은 붕괴될 것이라고 비판하였다. 심지어 건강보험료 인상에 연동되어 국고지원도 증가하게 되며, 국가재정이 파탄난다는 주장도 마다하지 않았다.

그들은 무상의료 저지를 위해 모든 논리를 끌어다 썼다. 이들의 핵심 논리는 간단히 말해 '밑 빠진 독에 물 붓기' 라고 정리할 수 있다. 무상의료를 하게 되면 본인 부담이 줄게 되어 의료 이용이 급증할 게 뻔하고, 그렇게 되면 보험 재정이 파탄날 것이라는 말이다.

이에 대한 근거를 제시하기 위해 조선일보는 '노무현 정부 때 시도한 무상의료, 2년도 못 버티고 폐기됐다'는 기사를 썼다. 2006년도 6세 미만 입원비에 무상의료를 도입했는데 무려 의료비가 39.2%나 증가했다는 것이다. 새누리당은 조선일보와 학계의 엉터리 주장을 그대로 차용하며 무상의료를 하게 되면 건강보험이 붕괴되고 건강보험료 폭탄이 터질 것이라고 계속 주장했다.

과연 그럴까? 이에 대해 하나하나 살펴보자.

먼저 조선일보 기사 내용을 구체적으로 살펴보면, 6세 미만 '공짜' 입원 정책이 도입된 후 입원비가 무려 39.2% 폭등했고, 대부분 중증 질병이 아닌 감기 등 경증 질환자의 입원이 늘었다고 한다. '공짜 병원 식대'로 인해 입원환자들이 "밥값도 거의 공짜니 퇴원하는 것보다 입원하는 게 더 낫

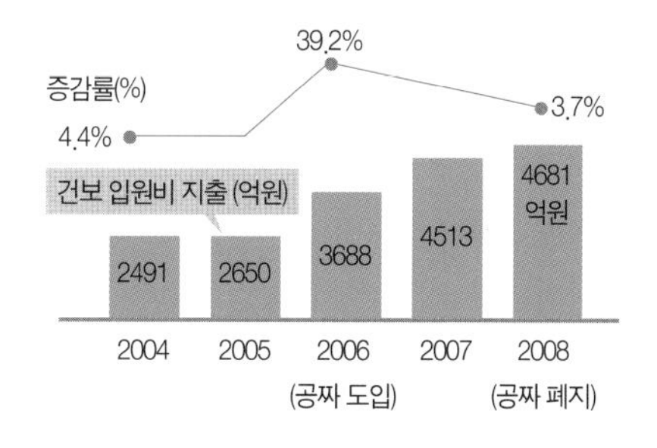


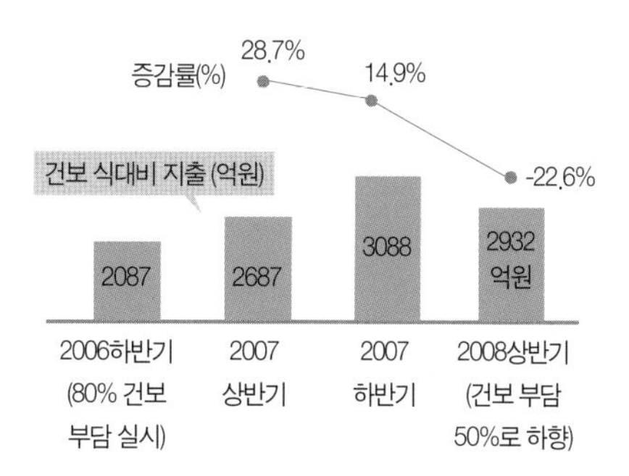

다" 며 입원을 연장하는 바람에 식대비 부담이 급증했다고 주장한다.

그러나 이 기사는 거짓이며, 통계를 완전히 왜곡한 것이다. 건강보험 입원비 지출이 2005년에서 2006년 사이에 39.2%가 증가한 것은 사실이나, 그것이 입원비 무상의료 도입 때문은 아니었다. 주된 이유는 정상 신생아 입원비를 산모 입원비로 통합 징수하던 것을 2006년부터 분리 징수한 것 때문이다.

**6세 미만 입원진료비 1인당 83만 원 전액 공단 부담**

…… 2006년도 6세 미만 아동 입원 급여비는 3,838억 원이 지급돼 전년 대비 39.84%의 증가를 보였다. 공단은 이에 대해 입원 본인부담 면제로 인한 보험자 부담의 증가와 기존 정상 신생아 진료비용이 산모 진료비로 합산 청구되던 방식에서 별도 분리 청구로 6세 미만 아동의 급여비 지급 실적에 포함됐기 때문이라고 설명했다.

급여확대 후 실제 의료 이용량 분석을 위해 2005년 상반기 대비 2006년 상반기 진료 실적을 비교한 결과, 총 진료비는 11.62% 증가했고, 수진자 1인당 진료비는 6.45% 증가한 것으로 나타났다.

공단은 수진자 1인당 입원일수는 2.53%증가했고, 입원일당 진료비는 3.82%의 증가율을 보여 급여 확대 후 진료비용의 증가가 있으나, 증가폭이 수가인상 등에 따른 자연증가율을 약간 웃도는 수준으로 본인부담 면제에 따른 진료비 급등 현상은 아직 관찰되지 않았다고 밝혔다.

〈2007.07.02. 국민건강보험공단 보도자료〉

2007년 건강보험공단은 보도자료를 통해 재정 급증의 원인을 자세히 밝히고 있다. 건강보험공단의 발표에 의하면 무상의료에 의한 진료비 증가는 11.62%뿐이며 진료비 급등 현상은 발생되지 않았다고 분명히 밝히고 있다. 이 정도 증가율은 현재 10% 내외의 건강보험 재정 증가율과 엇비슷한 수치이다.

조선일보는 이런 기본 사실조차 확인하지 않은 채 재정 증가가 마치 모두 무상입원비 때문인 양 기사를 작성하였다.

6세 미만 무상 입원 정책은 2008년부터 일부 변경하게 되는데, 본인 부담을 0%에서 10%로 올렸다. 그 이유는 전체 건강보험 재정의 불안정 때문이지, 6세 미만 입원 무상의료가 실패했기 때문이 아니었다.

이것은 당시 건강보험 재정 상황을 보면 쉽게 알 수 있다. 2007년에는 2,847억 적자였지만, 2008년에는 1조 3,667억 원 흑자였다. 2008년도에 대폭적인 흑자가 발생한 이유 중 하나는 6세 미만의 무상입원제를 폐지하고, 식대에 대해 본인 부담금을 높였기 때문이다.

### 새누리당 주장의 허구성

이제 무상의료를 시행하면 30조, 54조가 들어간다는 비판을 검증해 보도록 하자. 현재 민주당이 발표한 무상의료 정책의 내용은 건강보험 하나로 시민회의가 제시한 목표와 동일하다. 건강보험 하나로 시민회의는 12.2조가 필요하다고 추정한 반면, 민주당은 8.1조가 필요하다고 추정하였다. 반면 새누리당은 최소 30조, 많게는 54조가 들어간다고 주장하며 무상의료를 하게 되면 세금폭탄, 의료대란이 올 것이라고 윽박지른다.

자, 간단하게 계산을 해보자. 과연 무상의료를 위해 얼마가 소요될까?

민주당의 무상의료 정책은 건강보험 하나로 시민회의의 안을 그대로 받아들인 것이다. 즉, 입원진료비 보장률은 90%, 연간 병원비 상한액을 100만 원으로 하자는 것이다. 이 정도 되면 전체 건강보험 보장률이 80%에 약간 못 미치는 수준이다.

국민건강보험공단은 2010년 건강보험 급여지출을 33.7조로 발표하였다. 2009년 건강보험의 보장률은 64%였다. 2010년 보장률 자료는 현재로선 알 수 없으나, 2009년과 동일하다고 가정하고 계산해보자. 이렇게 계산하면 총 진료비 규모를 알 수 있다. 건강보험 급여지출이라는 것은 건강보험공단이 부담한 진료비를 말하고, 이것이 전체의 64%라고 한다면 총 진료비 규모를 알 수가 있다.

총 진료비 = 건강보험 급여비 + 본인부담(법정 본인부담 + 비급여 본인부담 )

52.7조(100%) = 33.7조(64%) + 19조(36%)

여기서 총 진료비는 52.7조라는 것을 알 수가 있다. 무상의료는 환자들이 직접 지불하는 의료비를 줄이고, 건강보험공단의 부담은 늘려 병원비로 인한 개인 부담을 줄이자는 것이다. 만일 이론적으로 완전한 무상의료를 한다면, 추가 재원으로 19조면 충분하다고 볼 수 있다. 아무리 완전한 무상의료를 한다고 하더라도 새누리당 주장처럼 30조나 54조나 되지는 않는다. 뻥튀기를 해도 너무 심하게 하지 않았나 싶다.

더구나 현재 진보진영이나 민주당이 주장하는 무상의료 정책은 완전히 본인부담금을 없애자는 주장이 아니다. 건강보험의 병원비가 많이 부담되는 것은 외래 진료가 아니라 입원진료 때문이다. 따라서 입원진료에 대한 부담을 줄이기 위해 현재 55~60%에 불과한 입원진료에 대한 보장률을 90%로 올리자는 것, 그리고 입원 외래, 약제비 등을 합쳐 연간 본인부담이 100만 원을 넘지 않도록 하자는 주장이다. 이리 되면 건강보험 전체의 보장률이 80%에 약간 못 미치게 된다.

건강보험 보장률을 80%로 올리려면 건강보험 재정이 얼마나 필요할까? 이를 계산하면 다음과 같다. 건강보험 급여비는 8.3조가 증가하게 된다. 반면에 본인부담은 8.3조가 줄어들게 된다. 건강보험의 재원을 늘리는 만큼 본인부담금은 줄어들기 때문이다.

총 진료비(100%) = 건강보험 급여비(80%) + 본인부담금(20%)

총 진료비 = 52.7조 = 42조 + 10.7조

그런데 이는 건강보험 하나로 시민회의가 추계한 추가 재원인 12.2조와 차이가 난다. 그 이유는 건강보험 하나로 시민회의는 건강보험 보장성 강화 과제에 간병서비스 제공과 간호인력 확충과 저소득층 보험료 지원금을 포함하였기 때문이다. 현재 간병서비스는 비급여 항목에서도 제외되어 있다. 하지만 실제로 환자와 가족에게 상당한 부담이 된다는 점에서 간병서비스 급여화가 필요하다고 판단해 보장성 강화 방안에 추가한 것이다. 민주당은 무상의료 정책에 필요한 재원을 8.1조로 추계했는데 아마도 간병서비스와 저소득층에 대한 보험료 지원을 제외하지 않았나 싶다.

위의 계산에서 알 수 있듯이 100만 원 상한제, 입원 보장 90%를 핵심 과제로 제시하는 무상의료 정책을 시행하는 데 새누리당이 30조, 54조가 들어간다고 말하는 것은 뻥튀기에 불과하다. 추가 재원이 12조라고 한다면, 무려 3~5배 가까이 뻥튀기한 셈이다.

새누리당의 무상의료에 대한 핵심 비판 논리는, 본인 부담률이 줄면 '공짜' 의식이 발동해 수요가 남발할 것이고 그로 인해 전체 재정이 폭증할 것이라는 점이다. 새누리당의 주장대로 가격이 떨어지면 수요가 어느 정도는 증가하게끔 되어 있다. 중요한 것은 그 '정도'의 문제이다.

**2. 무상 의료가 되면 불필요한 병원 이용이 늘어난다?**

건강보험의 본인부담금 인하 정책은 불필요한 의료 이용을 늘릴 것인가? 이것은 새누리당의 핵심 논리이다. 시장에서 상품 가격이 하락하면 수요가 증가한다는 논리를 앞세우는 것이다. 일면적으로는 맞다. 하지만 도덕적 해이로 인해 불필요한 의료 이용이 늘지는 않는다. 더욱이 그것이 건강보험 재정을 파탄시킬 정도는 아니다. 왜 그런지를 살펴보자.

우선 경제학에 나오는 가격탄력성(price elasticiy)이라는 개념을 알아야 한다. 흔히 경제학에서는 가격 하락(혹은 증가) 폭보다 수요 증가(혹은 감소) 폭이 크면, 즉 가격탄력성의 절대값이 1보다 크면 가격 탄력적이라 하며 대표적으로 사치재를 예로 든다. 반면에 가격 하락 폭보다 수요 하락 폭이 더 작으면, 즉 가격탄력성이 1 미만이라면 가격 비탄력적이라고 한다. 대표적인 것이 생필품과 같은 필수 상품이다.

그러면 의료서비스는 가격 비탄력적일까 탄력적일까? 정답은 비탄력적이다. 가격이 싸다고 해서 의료서비스를 불필요하게 이용하지는 않는다. 예를 들어 맹장수술이 공짜라고 해서 아프지도 않은데 맹장수술을 받지는 않는다. 감기에 걸리지도 않았는데 감기약이 공짜라고 해서 감기약을 먹지는 않는다는 것이다. 즉, 내가 병원에 갈지 말지를 결정하는 데 있어 가장 핵심적인 요소는 몸에 이상이 있는지 없는지에 달려 있지 가격이 싸고 비싼 데 있지 않다. 물론 몸이 아픈데 가격이 비싸다면 장벽이 높아 참고 병원에 가지 않을 수 있고, 가격이 싸다면 장벽이 낮아 더 쉽게 의료를 이용할 수는 있다.

건강보험의 보장성이 약해 국민들은 가격 장벽을 낮추기 위해 건강보험료의 몇 배나 되는 민간 의료보험에 가입하고 있다. 이런 현상 역시 의료서비스의 기본 성격인 가격 비탄력성 때문이다. 의료서비스 가격은 의료 이용의 결정 요인이라기보다는 장벽 요인으로 작용할 뿐이다.

이것을 실증적으로 증명한 기념비적인 논문이 있다. 바로 RAND 연구이다. RAND 연구는 의료서비스의 가격(본인부담액)의 변화에 따라 의료 이용 양상이 어떻게 변하는지를 실증적으로 분석한 실험연구이다.

RAND 연구는 본인부담액(user fee)이 0%, 25%, 50%, 95%로 증가하더라도 의료 이용 양상이 아주 완만하게 감소한다는 것을 밝혔다. 의료서비스 가격이 증가함에 따라서 급격하게 감소하지는 않는데, 그 이유가 가격탄력성이 낮기 때문이다. RAND 연구에 의하면 입원의 경우, 가격탄력성은 0.14~0.17이었다. 외래의 경우에는 0.17~0.31 정도였다. 입원의 경우 가격이 10% 증가하면 수요가 1.4~1.7% 정도만 증가한다는 것을 의미한다. 이 연구만 보더라도 가격탄력성이 매우 낮다는 것을 알 수가 있다.

또한 의료서비스 가격이 95%에서 0%로 낮아질수록 의료 이용은 완만하게 증가하였다. 그렇다면 이 증가를 어떻게 해석해야 할까. 아마도 건강보험의 보장성 확대를 반대하는 새누리당이나 조중동은 이것을 도덕적 해이로 해석할지 모르겠다. 하지만 가격이 하락할수록 의료 이용이 증가하는 것은 도덕적 해이가 아니라 가격 장벽이 사라짐으로써 애초의 의료서비스 욕구가 실현됨을 의미한다. 즉, 그간 가격 장벽으로 인해 의료서비스를 제대로 이용하지 못했던 미충족 의료서비스가 가격 장벽이 낮아짐에 따라 충족되는 것이다. 따라서 가격 하락에 따른 약간의 수요 증가는 도덕적 해이가 아니라 매우 바람직한 현상으로 보아야 한다.

한편 RAND에서는 의료서비스 가격이 소득계층에 따라 의료 이용에 어떤 영향을 미치는지도 같이 분석하였다. 의료서비스 가격이 증가함에 따라 고소득층보다는 저소득층에서 의료 이용 감소가 두드러졌다. 이 결과는 매우 의미가 크다. 저소득층일수록 본인부담금에 더 예민하게 반응한다는 것이다.

소득 격차에 따른 의료 이용 양상의 차이는 매우 의미심장하다. 저소득층일수록 의료서비스 가격에 상대적으로 더 예민하였다. 본인부담률이 증가할수록 저소득층과 고소득층 간의 의료 이용의 격차도 컸다. 반면 의료서비스 가격을 낮출수록 고소득층과 저소득층 간의 의료 이용 격차는 줄어들었다.

의료 이용의 격차는 우리의 건강보험 급여비 현황 자료에서도 그대로 드러난다. 다음 그림을 보면 고소득층과 저소득층의 의료 이용이 무려 2배가 넘게 차이가 난다. 만일 합리적 의료 이용 양상이라고 한다면 그 반대여야 한다. 보통 고소득층일수록 더 건강하고 수명이 길다. 저소득층일수록 더 불건강하다. 합리적 의료 이용이라고 한다면 건강에 문제가 상대적으로 많은 저소득층의 의료 이용이 더 많은 것이 정상이다. 그런데 실제로는 그 반대이다.

누구라도 이 자료를 보고 고소득층이 저소득층보다 도덕적 해이가 더 심하다고 해석하지는 않는다. 만일 그렇다면 고소득층의 도덕적 해이를 주로 비판해야 할 것이다. 이 자료는 단지 의료서비스의 가격 장벽으로 인해 가격 부담을 더 크게 느끼는 저소득층이 고소득층에 비해 더 적게 의료를 이용하고 있음을 보여주는 것에 불과하다.

**소득수준에 따른 본인부담과 의료 이용과의 관계**

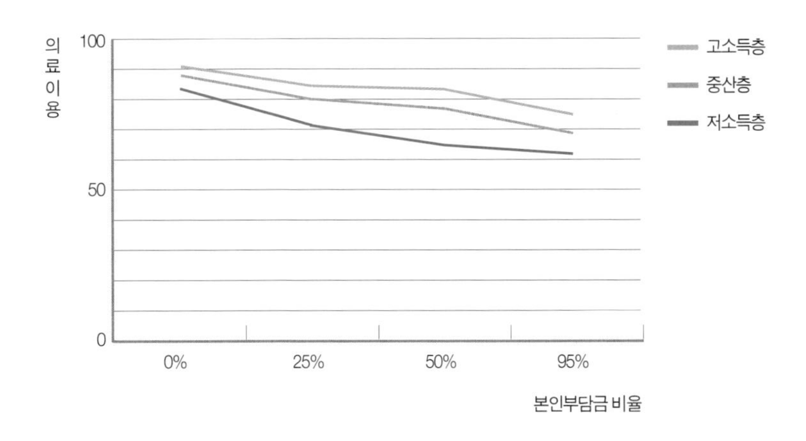

따라서 RAND 연구는 무상의료 정책이 왜 필요한지, 즉 건강보험의 본인부담률을 낮추는 것이 왜 필요한지를 실증적으로 보여준다고 할 수 있다.

자, 그렇다면 이와 같은 연구결과를 바탕으로 건강보험의 보장성이 증가할 경우 의료 이용이 얼마나 늘어날지를 계산해보자. 사실 건강보험 하나로 시민회의나 민주당 등 건강보험의 보장성 강화가 필요하다고 주장하는 측에서 추가 재원을 제시할 경우, 이런 미충족 의료서비스 증가분은 반영하지 않는다.

현재 무상의료 정책으로 제시되고 있는 과제는 대략 건강보험 보장률을 현행 64%에서 80% 정도로 올리는 것을 목표로 하고 있다. 이는 당면 무상의료 정책의 과제를 과중한 의료비 부담을 줄이는 데 초점을 두고 있기 때문이다. 특히 입원중심의 보장률을 높이고, 연간 본인부담이 100만 원을 넘지 않도록 하는 데 초점을 두고 있다. 건강보험의 재정은 대략 3분의 1씩 입원, 외래, 약제비로 구성된다. 2010년 건강보험 지출이 33.7조였으니 대략 입원급여비에 11조가 지급되었다는 것을 알 수 있다. 만일 입원을 중심으로 보장률을 현행 60%에서 90%로 올릴 경우(서비스 가격은 40%에서 10%로 감소) 가격탄력도를 반영하여 추가되는 의료비를 계산해보자.

수요를 D라 하고 가격을 P라고 할 경우, 입원의 가격탄력도를 -0.2라고 해보자.

$$(\triangle D/D)/(\triangle P/P) = -0.2$$

$$(\triangle D/11\text{조})/((40-10)/40) = -0.2$$

$$\triangle D = 2.06\text{조}$$

대략 2조 원 정도가 가격탄력도로 인해 추가로 소요된다고 할 수 있다. 그런데 새누리당은 무상의료 정책에 최소 30조에서 심지어 54조까지 필요할 수 있다고 하였으니 정말 황당하지 않은가.

하지만 이는 이론적인 계산일 뿐 실제로 가격이 얼마나 변화되느냐는 우리 사회의 맥락에서 실증적으로 검토해보아야 한다. 이를 증명해주는 것이 6세 미만 영유아에게 입원진료비를 전액 무상으로 했던 2006년의 경험이다.

서울대 이진석 교수는 '2006년 시행된 6세 미만 영유아의 입원 법정 본인부담 면제 정책이 의료비 지출에 미친 영향 분석'이라는 이슈페이퍼를 통해 이를 분석하였다. 법정 본인부담금을 20%에서 0%로 무상의료를 시행했을 때, 입원진료에 대한 건강보험 급여비 지출은 44.5%가 증가하였다. 하지만 이를 두고 불필요한 의료 이용이 늘었다고 볼 수는 없는데, 왜냐하면 법정 본인부담 면제 정책으로 건강보험 재정 지출이 늘어난 것은 당연하기 때문이다. 제대로 평가하려면 진료비 총액을 기준으로 평가해야 하는데, 당시 6세 미만 영유아 입원 진료의 총 진료비는 20.5%가 증가하였다. 반면 본인부담 변화가 없었던 전체 국민의 입원진료에 대한 건강보험 진료비 증가는 19.5%로 크게 차이가 나지 않았다. 이는 단순히 자연증가분에 불과한 것이지 특별히 무상의료 정책의 효과가 아니라는 것이다. 또한 외래 진료비의 증가와도 비교하였는데, 1인당 외래 진료비의 증가는 11.5%인데 반해 입원의 경우 8.0%에 불과하여 오히려 외래 진료비 증가율보다 낮았다.

이상에서도 알 수 있듯이 무상의료 정책을 시행하더라도 불필요한 의료 이용이나 도덕적 해이가 발생한다고 단정 지을 수는 없다.

마지막으로 명확히 해야 할 것은, 무상의료 정책은 건강보험이 부담하는 지출을 늘리는 대신 환자가 직접 부담해야 하는 본인부담은 줄이는 데 그 목적이 있다. 건강보험의 공적 재정을 늘리는 만큼 사적 지출은 줄어든다. 대다수 국민들의 입장에서는 사적 지출을 줄이고 공적 지출을 늘리는 것이 무조건 유리하다. 공적 재정에 들어가는 건강보험료는 소득에 비례해서 부담한다. 반면 사적 지출인 본인부담은 고소득층이나 저소득층이나 의료 이용 시 동일하게 부담하도록 하고 있어 저소득층일수록 훨씬 불리하다.

## | 참고자료 |


### 1장

2008년 건강보험 암 진료 환자 분석. 국민건강보험

2009년 국가 암등록 통계 참고자료. 중앙암등록본부. 2011.12.29

갱신형 실손의료비 보험 및 정기보험 가입 시 유의사항. 금융감독원. 2011.

2008년 건강보험 고액환자 분석. 국민건강보험

개인 의료보험 정책 협의체 워크숍 자료집. 2012.2.23.

생명보험 상품별 해지율 추정 및 예측 모형. 보험연구원. 2010.5

중대한 질병의 트렌드-통계 뒤에 숨은 사실. 윤영규. 생명보험 상품조사

### 2장

민간 의료보험 시장 규모와 역할. 보건의료정책 포럼. 2011.4.14.

민간 보험의 급여 범위에 대한 국제 비교 연구. 국민건강보험공단. 2009.

금융통계월보. 금융감독원.

손해보험상품의 이해. 보험개발원. 2010.1.

생명보험 상품의 이해. 보험개발원.

장기손해보험 질병 및 의료비 담보의 리스크 분석 및 시사점. 보험개발원 2009.3

장기손해보험 암담보의 리스크 분석 및 대응방안. 보험개발원. 2010.7

갑상샘암의 선별과 무증상 갑상샘 종의 관리. 조정진. 대한가정의학회지. Vol. 31.2 Feb 2010.

민영 건강보험의 언더라이팅 선진화 방안. 보험개발원. 2003.

보험 동향. 보험연구원.

민간 의료보험의 현황과 문제점. 이진석 외. 2005

### 3장

Trends in Health Care Costs and Spending. Kaiser Family Foundation. 2009

Medical Bankruptcy in the United States, 2007:Results of a National Study. David U. Himmelstein. The American Journal of Medicine.

Health Insurers Break Profit Records as 2.7 Million Americans Lose Coverage. HEALTH CARE FOR AMERICA NOW.

Medicare Premiums: Rules For Higher Income Beneficiaries. Social Security.
Medicare premiums and coinsurance rates for 2011. https://questions.medicare.gov/app/answers/detail/a_id/2305/~/medicare-premiums-and-coinsurance-rates-for-2011
How Many Are Underinsured? Trends Among U.S. Adults, 2003 And 2007.Health Affairs
Devereaux PJ, Heels-Ansdell D, Lacchetti C, Haines T, Burns KEA, Cook DJ, et al. Payments for care at private for-profit and private not-for-profit hospitals: a systematic review and meta-analysis. CMAJ 2004;170(12):1817-24
Woolhandler S, Himmelstein DU. Costs of care and administration at for-profit and other hospitals in the United States. N Engl J Med 1997;336:769-7
A systematic review and meta-analysis of studies comparing mortality rates of private for-profit and private not for profit hsopital. CMAJ, May 28, 2002; Vol.166,No.11
Milliman Medical Index. 2011.
Implementing Healtha Insurance Reform:New Medical Loss Ratio Information for Policymakers and Consumers. Staff Report for Chairman Rockefeler. 2010
Medical Loss Ratios : Evidence from the States. Health Policy Memo. 2008
Private health insurance in the European Union. 2009
글로벌 제약시장의 환경변화. 한국보건산업진흥원. 2010.12

**4장**

2011년 보험소비자 설문조사. 보험연구원.
모든 병원비를 국민건강보험 하나로 해결하는 재정 해법. 건강보험 하나로 시민회의 정책토론회. 2011
2009년 건강보험료 부담 대비 급여비 분석 결과. 국민건강보험 보도자료.
건강보험 중 · 장기 재정전망 연구. 국민건강보험공단. 2010.7
국민건강보험의 재정 확충 및 보장성 강화를 위한 전략 개발 연구. 복지국가소사이어티. 2009
획기적인 건강보험 보장성 확대와 전면적 보건의료개혁을 위한 제안. 이진석.
조세 · 재정 지출의 소득재분배 효과 분석. 장상환
2020 한국 의료의 비전과 정책 방향. 보건의료미래위원회. 2011.8
공평한 건강보험료 부과체계 개선 방안. 보건복지부 2011.11.
건강보험 부과체계 단순화 및 일원화 방안. 2010.3 서울대학교 산학협력단
2009년 국민의료비 및 국민보건 계정. 보건복지부.
Health Insurance and the Demand for Medical Care. Evidence from a Randomized Experiment. RAND.